趙尺子選註

趙尺子先生全集

第四冊 孔孟治兵語錄

文史哲出版社印行

國家圖書館出版品預行編目資料

趙尺子先生全集 第四冊：孔孟治兵語錄 /
趙尺子著. -- 初版 -- 臺北市：文史哲,
民 108.06
頁； 公分
ISBN 978-986-314-473-1（平裝）

1.論叢

078 108008747

趙尺子先生全集 第四冊

孔孟治兵語錄

選註者：趙 尺 子
出版者：文 史 哲 出 版 社
http:// www.lapen.com.tw
e-mail:lapen@ms74.hinet.net
登記證字號：行政院新聞局版臺業字五三三七號
發行人：彭 正 雄
發行所：文 史 哲 出 版 社
印刷者：文 史 哲 出 版 社
臺北市羅斯福路一段七十二巷四號
郵政劃撥帳號：一六一八〇一七五
電話886-2-23511028・傳真886-2-23965656

九冊 定價新臺幣三〇〇〇元

民國一〇八年（2019）六月初版

ISBN 978-986-314-473-1 08383

趙尺子先生全集　總目

趙尺子先生選註

孔孟治兵語錄

陳誠題

世界兵學社發行

孔孟治兵語錄

「我戰則克。」

——孔子

「仁者無敵。」

——孟子

孔孟治兵語錄

趙尺子選註

目次

自序

一　「軍人模楷」——孔子

三十九年　總統講演「軍人魂」。爲了鑄造現代及今後千百代的中國「軍人魂」，我們必須由歷史上找出一位「軍人模楷」，並把這位「軍人模楷」永遠印在每一位將士的心板上；而主要的還是我們的兵學思想、軍事教育、軍人人生哲學、軍人風格以及給與制度，都要依據這一位「軍人模楷」的遺教學去做去。請這一位「軍人模楷」永遠作爲中國軍人的代表。

這一位「軍人模楷」是誰？孫武？吳起？關羽？岳飛？文天祥？史可法？曾國藩？都不是。這應是被人硬供在文廟裏的孔子。只有他，才是千古軍人的唯一代表。

上面所列的這些位軍人，都是學習了孔子的一德一技，成爲軍人的代表。孔子實應寫入中國軍人列傳第一章。僅就孫武說，如果十三篇是孫武其人所著，那麼這位孫武至少要比孔子晚生了一百年　十三篇成書在戰國時代　。孫武提倡「武德」，計智、信、仁、勇、嚴五字，實係就孔子三達德——智、仁、勇三字之間，新增信、嚴二字，或就孔子六言——仁、知、信、直、勇、剛㈠，採直、剛的意義，換成嚴字，自成一個體系而已。此外，關羽以義著，義自然是孔學；岳飛以忠顯，忠仍然是孔學；文天祥、史可法、曾國藩，那一位不是孔子的信徒？文天祥所說：「孔曰成仁，孟曰取義。唯其義盡，是以仁至。讀聖賢書，所學何事？而今而後，庶幾無愧。」正是把孔子作爲自己的模楷。

二　孔子的兵學

孔子生於公元前五五一年。那個時代是文武合一時代。他是魯國殉職名將叔梁紇的血胤——將門之子。生而「懸弧」，這是周代的特殊軍事教育，比斯巴達的武士還早受七歲。孔子私淑周公，周公更是「出將入相」的全材。周公的「周禮」是一部文武奇書，孔子讀着這部書而長大了。不幸是他到達兵役年齡，周朝的貴族制度已竟崩潰，他未曾入伍從軍，便作了一面自修，一面教書的「教官」（今天作「教官」的諸位，切勿自卑），既教文官，又教武官。

在他以前，兵學稱爲「強學」㊁，分爲南北兩派；他綜合兩派，自成中派：

「子路問強。子曰：『南方之強與？北方之強與？抑爾強與？

『寬柔以教，不報無道：南方之強也，君子居之。

『袵金革，死而無怨：北方之強也，而強者居之。

『故曰：君子和而不流，強哉矯；中立而不倚，強哉矯；國有道，不變塞焉，

強哉矯；國無道，至死不變，強哉矯。』」（中庸）

南派爲夏、楚兵學，這一「柔」字，正是楚人老子兵學的精華；北派爲殷、周演化而來的兵學，今日直魯豫大漢還保留着這種古風；而他的綜合兵學——「和而不流」，「中立不倚」，「國有道，不變塞（貧）」，「國無道，至死不變」，誠屬軍人人生哲學（士德）上一大絕作。文天祥、史可法學得「國無道，至死不變」七字，便可成爲千古不朽的軍人了。

他建立了完美的軍人人生哲學，　國父稱之爲「軍人精神教育」，即：

「智、仁、勇，天下之達德也。」（中庸）

自爲註釋曰：

「智者不惑，仁者不憂，勇者不懼。」（論語）

昨日的將軍們，如陳逆明仁，如果接受了孔子這種軍人人生哲學，成爲「智」者，何致被毛匪澤東所「惑」？某些軍人，如果成爲「仁」者，何致變成失敗主義者？某些軍人，如果成爲「勇」者，何致扔下部隊，孤身逃走？而孔子本身，正係智、仁、勇三德俱足的文武聖人，這有子貢對他老師的講評爲證：

「子曰：『君子道者三，我無一能焉：仁者不憂，智者不惑，勇者不懼。』

「子貢曰：『夫子自道也。』」（論語）

他又把三達德擴充爲六言：

「子曰：『由也！女聞六言六蔽矣乎？』對曰：『未也！』『居！吾語女：好仁不好學，其蔽也愚；好知不好學，其蔽也蕩；好信不好學，其蔽也賊；好直不好學，其蔽也絞；好勇不好學，其蔽也亂；好剛不好學，其蔽也狂。』」（論語）

他在知、仁、勇之外，加上信、直、剛三字，專以敎門下將材子路，已開孫武軍人人生哲學（武德）的先路。蓋知、信、仁、勇以外的嚴字，在心爲直，在己爲剛；對部下則爲嚴。其後孫武十三篇作者接受了法家精神，始用嚴字了。

三德或六言之中，孔子特別敎授仁字：

「君子無終食之間違仁：造次必於是，顚沛必於是。」（論語）

「志士仁人，無求生以害仁；有殺身以成仁。」（論語）

「士不可以不宏毅。任重而道遠。——仁以爲己任，不亦重乎？死而後已，不亦遠乎？」（論語，曾子之言）

君子之仁，還是對文武兩班學生說敎；志士與士之仁，却是專對武學生說了。蓋孔子當時的所謂士，實指武士，並不是今天四民之首的文士。軍人三德的引伸，便是下列這些遺敎：

「國無道，至死不變！」（上引）

「事君能致其身！」（論語）

「臨大節而不可奪也！」（論語）

「不降其志，不辱其身！」（論語）

「見危授命，見得思義！」（論語）

這樣的士——軍人，不正是文天祥、史可法麼？「至死不變」及「見得思義」的結果，便是：

「上不怨天，下不尤人！」（中庸）

「不忮不求，何用不臧？」（論語）

果能如是，那會出了毛澤東？那會作了陳明仁？更那會「犯上作亂」？大處既然如此，小處自不待言，區區「軍人待遇問題」，更不在這種軍人——士的心上了。

「士而懷居，不足以爲士矣！」（論語）

能這樣，誰還去強佔民房？

「士志於道，而恥惡衣惡食者，未足與議也！」（論語）

那些爭「九一」米「九二」米以及掇搜木器房屋的軍人，眞該愧死了。

三　學術兩科

上面是孔子對於軍人的「精神敎育」。而他日常所授的學術兩科，則有下列的六藝：

一、禮敎——孔子時代的所謂禮，是由「國之大事，唯祀與戎」演化而來的建國、治國、建軍、治軍的大經大法。因自夏殷，成於周公，可在今天殘缺不全的周禮、儀禮、禮記中約略見之。可惜這些寶籍受周奸王子朝的掠取和獨夫秦始皇的焚燒，早已零亂不全。雖經漢儒的整理發明，又被宋儒所穿鑿附會，遠失古意，成爲高頭講章，今天我們已不能窺見周禮的全貌了。但是孔子當年却問得明白，傳與他的文武學生。禮中所講的武德、軍育、軍制、軍備、軍紀，正是武學生所必修的。譬如一個男子的出生，也便是他接受軍訓的開始，由「懸弧」（標示這人家新產生一個壯丁）、「弄璋」（勛章）、「舞勺」、「舞戈」、「舞象」，到「士冠禮」、「士居禮」、「昏禮」、「喪禮」，甚至「士死禮」（此名係我私創，但確信當有此禮，如孔子所主張童錡國殤，和子路所云「君子死而冠不免」），純是戰士敎育。

二、樂敎——樂的主要來源，出於戰爭，這已被民俗學者所證明；中國古樂當不例外。舜舞「干羽」而有苗格，記在孔門所傳的書上，我們雖然不能說明音樂歌舞在當時何以會這樣有益於作戰？但終能看出音樂歌舞在戰場上的用途。在夏商周各朝，音樂多爲重要軍事敎育。周禮中所述重要軍事敎育，一位武士自出生到死事，無日不在樂與舞中生活，作戰更有軍樂。孔子以此敎人，範圍當然不限軍樂；但軍樂必爲主要的音樂。

三、射敎——古代以弓矢爲主兵。文武旣然合一，習射自是基本軍訓。孔子敎射，也自有其「射的哲學」，如「射不主皮」者是。晉代大將杜預得力處便在此句。如「君子無所爭，必也射乎？」也正是西洋自古以來的所謂「運動員精神」。在孔門六藝之中，這是術科；但也是一種「精神敎育」。禮記載，孔子有一次率領學生，在矍相大栾圃，擧行打靶。總領隊子路佩帶弓矢，引導射手入場。孔子在司令臺上發出號令說：「敗軍的將領，亡國的校尉，和『謂他人父』（按：卽兒皇帝）的人，不得入場；其餘請進！」孔子的意思很淸楚，他是宣佈不能成仁的將校和漢奸傀儡沒有充當射手的資格。

四、御敎——古代以車戰爲主。天子萬乘，諸侯千乘，倘使沒有優秀的駕駛兵，先自亂伍了，還談什麽作戰？這是孔氏軍校術科之一。

五、書敎——書敎不是指「寫大字」或「寫小字」，這當然是可以推而知之的。孔子如以「六書」爲敎，也未必是東漢所知的象形、指事、會意、形聲、轉注、假借之類；恐怕係指六種主要的言語。因爲在孔子之時，中原固然通行着「國語」（今之漢語），但齊有「齊語」（殆今之滿語），楚有「楚語」（今之蒙語），戎有「戎語」（殆亦爲滿蒙語），子貢爲言語科優秀學生，便通齊、吳、楚、魯（周）語，可見一斑。孔子如以「尙書」爲敎，其中自有兵學。如以「春秋」爲敎，更是那時的「現代戰史」了。

即算專指寫字而言，也是作戰之所必需，試想「作戰計劃」不要寫麼？「命令」不要寫麼？「諜報」不要寫麼？「戰鬥詳報」不要寫麼？孔子的「書」教也是學科的一種。

六、數教——從作人到治國，人生無一日不與數字發生關係。從新兵的「報數」到大軍的統馭，更是絕對不能離開數學。「廟算」是數，「射侯」要算。孔子的「數」教，無疑的是軍訓的要科。

孔子「政治」教育的中心思想，乃是尊王攘夷。尊王今義是擁護領袖，攘夷今義是反共抗俄。尊王也是打倒軍閥；攘夷正是打倒帝國主義。

四　他作過戰麼？

從上面，我們已經考定孔子是一位「最優秀的教官」，他開設過完備的私立軍校。現在我再證明他確實指導過大戰，作過統帥。

第一次，孔子是作了「高參」。事在魯定公十年，史記孔子世家：

「夾谷之會，公將以乘車好往。孔子攝相事。曰：『有文事，必有武備㊂；有武備，必有文事。古者諸侯出疆，必具官以從，請具左右司馬。』公曰：『諾！』夾谷之會，遂復齊侵地。」

另據左傳及史記，夾谷之會，孔子且曾執刃登壇、親搏齊侯，那簡直是參加戰鬥了。

第二次，他作了統帥，便是「隳三都」之役。他要實行打倒軍閥，派大將冉有和子路率兵去討平二季的采邑。就左傳看，這兩次都打過仗的。

他在未戰之前，主張「忍」：

「小不忍則亂大謀。」（論語）

在將戰之際，主張：

「臨事而懼，好謀而成。」（論語）

他所說「好謀而成」，就是孟子的「君子有不戰；戰必勝」，我名之爲「計劃作戰」（詳見本錄第一編五章三節註十）。他所說的「懼」便是「愼」：

「子之所愼：齋、戰、疾。」（論語）

他非常愼重齋戒的事，「如在其上，如在其左右」；他更愼重疾病的事，「季康子饋藥。子曰：『丘未達，不敢嘗！』」上文「戰」字，位於「齋」、「疾」兩字之間，佔第二位，固然可以使人明瞭他在會戰中「小心謹愼」（孔明得力此一字）；也足證明他確實是作過戰的人──「戰」是他的三種生活之一。

五　戰畧思想

他的戰略思想，更是上有夏商周戰史的淵源，下啓後代戰史的先路。首先是「道」卽「仁」的提出，說：

「道得衆，則得國；道失衆，則失國。」（中庸）

「我戰則克，得其道也。」（禮器）

「堯舜率天下以仁，而民從之；桀紂率天下以暴，而民從之。——其所令反其所好，而民不從。」（大學）

這三段遺教，便是孫武子十三篇的來路，卽：

「道者，令民與上同意也。」（始計）

也便是近代的所謂「精神總動員」，或是魯登道夫的「全民族戰爭論」。

其次是他的「因國說」：

「桓，內無『因國』，外無『從諸侯』，而越千里之險，北伐山戎：危之也。」（穀梁傳莊公三十年）

「因國」古義，據晉朝范甯註：「內無因緣山戎左右之國爲內間者」，卽指由「內間」（第五縱隊）所建的「國家內的國家」或「政權內的政權」（兩詞見「中國之命運」）。今人數典忘祖，釋這種僞組織爲「附庸」，其實大誤；若釋爲兒皇帝或傀儡國，始稱正確。但均不如「因國」二字，係屬戰史上、政治學上的學術名詞（毛匪澤東的僞「中華人民共和國」便是孔子所謂「因國」。）「從諸侯」則相當於今天的「與國」，范寧註謂之「寮國」。孔子講評齊桓公北伐山戎一役，對於桓公在山戎之內沒有事先扶植「因國」即沒有利用「內間」，在北伐軍中也沒有組成「與國」的聯軍，只率齊國一國之兵，千里長征，認爲「危」險，足徵孔子是一個天才的戰略家。

又，左傳（哀公十四年）載：

「齊陳恆，弒其君（壬）於舒州。孔丘三日齊，而請伐齊三。公曰：『魯爲齊弱久矣！子之伐之，將若之何？』對曰：『陳恆弒其君，民之不與者半。以魯之衆，加齊之半，可克也！』……」

他正要使用「民之不與者半」的齊國內在力量，在齊國國內扶置「因國」即編組第五縱隊，「內應」魯軍作戰。這和近代所謂「滲透戰術」、「內應路線」有何不同？但他已比我們早懂得二千四百多年了。

史記孔子世家中別有一事，與此戰略無異：

「孔子去陳，過蒲。會公叔氏以蒲叛，……孔子遂適衞。衞靈公問曰：『蒲可伐乎？』對曰：『可！——其男子有死之志，婦人有保西河之志；吾所伐者不過四五人。』靈公曰：『善！』然不伐蒲。」

這完全是所謂「唯物辯證法」的戰略，即利用敵人的「內在矛盾」——「正、反、合」

的所謂「革命戰略」了。

孔子的攻勢戰略，爲扶置「因國」；守勢戰略，則爲防止他國到我國來建立「因國」。論語季氏：

「季氏將伐顓臾。……孔子曰：『夫顓臾，昔者先王以爲東蒙主；且在邦域之中矣；是社稷之臣也，何以伐爲？……丘聞之：有國有家者，不患貧而患不均；不患寡而患不安。蓋均無貧；和無寡；安無傾。……今……邦分崩離析而不能守也；而謀動干戈於邦內。吾恐季孫之憂，不在顓臾；而在蕭牆之內也。』……」

孔子這話，必定說在定公八年以前。八年，季氏宰陽虎以讙陽關叛，事先必和齊國有勾結，（故失敗後逃往齊國，）這在春秋盛行「因國」戰的時代，孔子遂預言季氏要「禍起蕭牆」。當邦國分崩離析，敵國便利用一面，建立「因國」，讓你本國「矛盾擴大」。至於邦國爲什麼要分崩離析？則起於「不均」、「不和」與「不安」。「不患貧而患不均，不患寡而患不安」兩句，一定是孔子以前的經綸文字。如果提倡讀經，正先要把這兩句讀懂。

六　給與制度

孔子在作「教官」教授武學生的時候，雖然特別提倡「士德」，認爲軍人必須「不恥惡衣惡食」，無須要求提高「軍人待遇」，爲「成仁」都可「殺身」，唯「舍生」方能「取義」，區區「待遇」，眞是「於我如浮雲」了。但這乃軍人人生哲學中應有之義，也是軍人的武德，是孔子所教的第一義；而他在自己主持軍政之時，或在教育將來可決定國策的學生之時，卻另有第二義——這是一番爲後人始終不懂的大道理：

「忠信、重祿，所以勸士也！」（中庸）

「尊其位，重其祿。」（中庸）

「官盛任適。」（中庸）

「忠信」今語卽「主義」或武德，亦卽軍人人生哲學；「重祿」卽優厚的「薪餉」。對於軍人——士，要予以「主義」的薰陶，革命的洗禮，這是「軍人魂」；同時必須給他足用的乃至優厚的待遇，玆姑名之曰：「軍人魄」。心的力量加上物的力量，才能成爲眞正的力量。否則，只能要求少數眞君子，不能要求多數普通人，因爲：

「君子固窮；小人窮斯濫矣！」（論語）

孔子是何等通透人情？何等通達治體？誰說他是「迂儒」？他眞是空前絕後的大軍事學家。這不是我的發明；秦、漢、晉人均已先我而知之了㊃。

七　孔門二將

孔門的文武合一教育，造就了許多將校。其中最知名的兩位，一爲冉有：

「冉有爲季氏將師，與齊師會於郎；克之。季康子曰：『子之於軍旅，學之乎？性之乎？』冉有曰：『學之於孔子。』……」（史記仲尼弟子列傳）

冉有自認並非軍事天才（「性之」），而係「學之於孔子」，這自是孔子曾作「教官」的鐵證，證明孔子文武合一教育的效果。第二位便是子路。史記孔子世家：

「楚昭王將以書社地七百里封孔子。令尹子西曰：『王之使使諸侯，有如子貢者乎？』曰：『無有。』『王之輔相有如顏回者乎？』曰：『無有。』『王之將帥有如子路者乎？』曰：『無有。』『王之官尹有如宰予者乎？』曰：『無有。』……」

孔門人材濟濟，行政院長（相）、內政部長（尹）、外交部長（使），一應俱全；而楚國的名元帥子西認定子路是一位「將帥」，昭王也暗許子路高過子西。便是孔子，縱使平時對於子路，不免見頭罵頭，見脚罵脚，但背地裡也評定他是文武全材。論語先進篇：

「子曰：『從我於陳蔡者皆不及門也！德行：顏淵、閔子騫、冉伯牛、仲弓。言語：宰我、子貢。政事：冉有、季路。文學：子游、子夏。』」

季路就是子路。孔子將他列入「政事」科。春秋時代的所謂「政事」，「唯祀與戎」，實是文武兼賅，甚或偏重武事的。可見孔子也贊許子路是「將帥」之材了。

八　子路的歷史

史記仲尼弟子列傳：

「仲由，字子路。卞人也。少孔子九歲。子路性鄙，好勇，力志伉直。冠雄雞（按：印第安式），佩豭豚。陵暴孔子；孔子設禮，稍誘子路。子路後儒服，委質，因門人請為弟子。

「子路為大夫孔悝之邑宰。蒯聵乃與孔悝作亂。子路在外，聞之而馳往。遇子羔出衛城門，謂子路曰：『出公去矣，而門已閉，子可還矣，勿空受其禍。』子路曰：『食人之食者，不避其難！』子羔卒去。

「有使入城，城門開，子路隨而入。造蒯聵；蒯聵與孔悝登臺。子路曰：『君焉用孔悝？請得而殺之！』蒯聵勿聽。於是子路欲燔臺。蒯聵懼，乃下石乞、壺黶，攻子路，擊斷子路之纓。子路曰：『君子死而冠不免。』遂結纓而死。

「孔子聞衛亂，曰：『由！死矣！』（按：此係孔子知其「見危授命」；非「由也不得其死」之義。）」

史公寫子路，正也抓住他作戰和成仁這一點說。當公前四八〇年，蒯聵「一面倒」向晉國，作了兒皇帝，打倒衞出公（他兒子蒯輒）的正統中央，而孔悝也作了傅作義和陳明仁。子路在這「衞亂」裡，已六十二歲了，不但忠貞地討叛，而且從容地殉職，誠然不愧孔子對他的教育，和子西對他的敬畏了。

九　他的性格

史公記子路好勇；孔子也評他好勇。論語先進：

「柴也愚，參也魯，師也辟，由也喭。」

喭，強武粗率之貌。又，公冶長：

「子曰：『道不行，乘桴浮于海。從我者其由與？』子路聞之喜。子曰：『由也，好勇過我，無所取材。』」

雖說這裡孔子還是罵他「無所取材（裁）」，其實是高明柔克，心焉喜之。又，論語述而：

「子路曰：『子行三軍則誰與？』子曰：『暴虎，馮河，死而無悔者，吾不與也；必也臨事而懼，好謀而成者也。』」

孔子認為「暴虎，馮河，死而無悔」，只是作下級軍官的條件；却是希望他「臨事而懼，好謀而成」，作一位方面大員。等到子路向孔子問勇，如陽貨篇所載：

「子路曰：『君子尚勇乎？』子曰：『君子義以爲上。——君子有勇而無義，則亂；小人有勇而無義，則盜。』」

孔子用一「義」字作「勇」字的範圍，將他培養成爲「有勇且知方」（先進篇中子路語）的大勇之士，便成就他在「衞亂」中的光榮歷史了。

子路好勇，出於天賦的力行的性格，史公「力志伉直」四字，可謂確評。我們看公冶長篇：

「子路有聞，未之能行，唯恐有聞。」

他對於力行，可算是富於「旺盛的企圖心」了。又，顏淵篇：

「子曰：『片言可以折獄者，其由也與？』

「子路無宿諾。」

假定他作了軍法官，有兩位戰士來打官司，他會在聽取兩造的鬭訴之後，立刻辨明是非，半句話便把理屈的戰士折服了 這固然可以看出他超人的智慧和判斷力，也可以看出他的爽朗。上文「無宿諾」三字，更說明他是實踐家。

力行的原動力是果決，即操典上的所謂「決心」。在孔子看來，子路正是一位極具「決心」的將材，雍也篇：

「季康子問：『仲由可使從政也與？』子曰：『由也果，於從政乎何有？』」

「從政」也便是秉着帶兵打仗說。

子路這種性格，使我們在兩千年之後，頗有心和他攀交，「無宿諾」固是一端，而如公冶長篇所載：

「子路曰：『願車馬衣輕裘，與朋友共，敝之而無憾。』」

眞是肝膽照人的朋友了，多麽可愛？可惜因爲待遇太低，子路却是一位窮朋友，不單沒有「車馬輕裘」，而且自己常是「衣敝縕袍」。不過，他雖很窮，但窮得很有骨頭，子罕篇：

「子曰：『衣敝縕袍，與衣狐貉者立，而不恥者，其由也與？』」

這裡有他天生的本質，也有孔子教給他的工夫，誠所謂「士志於道，而恥惡衣惡食者，未足與議也。」（里仁篇）他必是從來不「吃空額，喝兵血」的好軍官，無怪一寒至此——也無怪千秋不朽了。

十　人品與學問

子路在「儒服，委質，因門人請爲（孔子）弟子」之前，純粹是一武士。但在受過孔氏軍校的養成教育以後，便變爲文武双全的人物。前記孔子把他列入「政事」科，是一證據；史公所記衞城戰鬥——明明是去討賊並救孔悝，但故意用分化（「君焉用孔悝」）和策略（「請得而殺之」）——也是一證據；「見危授命」，從容殉職，更見學力。我們再從論語中有關子路的史料，加以證明。公治長篇：

「孟武伯問：『子路仁乎？』子曰：『不知也。』又問。子曰：『由也，千乘之國，可使治其賦也；不知其仁也。』……」

孔子不輕以仁許人，子路仁不仁也是另一問題（衛城殉難，已是成仁的後話）；但在孟武伯問到他的時候，他的人品和學問已足爲聯勤總司令了（春秋所謂「賦」實爲軍需）。又，先進篇：

「季子然問：『仲由、冉有，可謂大臣與？』子曰：『……所謂大臣者，以道事君；不可，則止。今由與求也，可謂具臣矣。』曰：『然則，從之者與？』子曰：『弒父與君，亦不從也！』」

孔子說子路（和冉有）的學力固然還談不到作「大臣」，卽作行政院長或部長；但也可以作省主席或軍長了。而這省主席則絕不會像傅作義，這軍長也絕不會像陳明仁，因爲「弒父與君」他是「不從」的，任憑季氏想着去做毛澤東罷！——這也正是孔子對於子路衛城討叛的先見之明。

而子路對於自己之有多大份量，也有自知之明，先進篇：

「子路、曾晳、冉有、公西華侍坐。子曰：『以吾一日長乎爾，毋吾以也。居則曰：不吾知也！如或知爾，則何以哉？』

「子路率爾而對曰：『千乘之國，攝乎大國之間，加之以師旅，困之以饑饉；由也爲之，比及三年，可使有勇，且知方也。』

「夫子哂之。……三子者出。曾晳曰：『夫子何哂由也？』曰：『爲國以禮；其言不讓，是故哂之。』……」

孔子並未笑他言大而誇。他自信確能這樣（這已是「大臣」了）；孔子也了解他必能這樣。只是看他這「率爾」的粗線條作風，失諸「不讓」而已。

魯定公十二年，子路仕於季氏，派同期同學子羔去作費邑的行政專員兼保安司令，先進篇載：

「子路使子羔爲費宰。子曰：『賊夫人之子！』子路曰：『（有土地焉），有民人焉，有社稷焉，何必讀書，然後爲學？』子曰：『是故惡夫佞者！』」

這幾句話，是政治學「國家三要素說」的初稿，較翟林克（三七四——四三四）早發明了九百年；而且他也創造了「知難行易」的先路，爲後儒「事上磨練」的張本。雖然孔子罵他一個「佞」字，但正面並沒有理由駁倒他。

十一　他痛斥兒皇帝

春秋時代，侵略國盛行扶置「因國」，卽製造兒皇帝。孔子在戰略上雖主張「因國」之不可少；但心中對於兒皇帝是深惡而痛絕的。在編輯詩經時，他不刪周人反對宜臼「謂他人父」的詩，卽葛藟三章，可以爲證。子路在孔子教育養成之下，必然也反對兒皇帝了。左傳哀公十四年，載云：

「小邾射以句繹來奔，曰：『使子路要我，吾無盟矣。』

「使子路；子路辭。

「季康子使冉有謂之曰：『千乘之國，不信其盟，而信子之言，子何辱焉？』

「對曰：『魯有事於小邾，不敢問故，死其城下，可也！——彼不臣而濟其言，是義之也，由弗能！』」

小邾（小邾婁卽小涿鹿，木城之意）的射（人名）叛其祖國，藉口在句繹（地名）「獨立」，「一面倒」向魯國，來作兒皇帝（因國）；子路明指他之「不臣」，卽作了小邾的毛澤東，自己絕對不肯「義之」而「濟其言」，這是中國的「武士道」。——土肥原、史太林輩勾引溥儀、毛澤東出「奔」，成立什麼「滿洲國」、「中華人民共和國」，用中國的「不臣」之輩，達成侵略分解中國的目的，這是子路所永遠反對的。

十二　子路的遺教

子路爲孔門將帥之材，應爲中國軍人第二位代表。我們現在從他的遺教中擇出幾句，作爲儒將子路留給後代軍人的典範：

一、「食其食者，不避其難。」（上引，見史記）

二、「君子死而冠不免。」（上引，見史記）

這一句可能是古代的「士死禮」。子路「結纓而死」，何等從容？何等莊嚴？何等聖潔？眞是千古軍人的模楷了。

三、「願車馬衣輕裘與朋友共，敝之而無憾。」（上引，論語）

四、「何必讀書，然後爲學？」（上引，論語）

五、「見利思義，見危授命，久要不忘平生之言。」（論語）

六、「不仕無義。」（論語）

子路如果被俘，必會殉職，絕不致投降作貳臣的。

十三 「儒將守則」

有人說：論語載：「衞靈公問陣於孔子。孔子曰：爼豆之事，丘嘗聞之矣；軍旅之事，未之學也。」明謂孔子不通軍事。君所選註「孔孟治兵語錄」，亦是穿鑿附會。我將對曰：「這是他的推託之詞；或孔子不善作排連長耳；但他未必不可作大元帥也——

他也的確作過大元帥！」

孔子的軍人教育，一傳子路和冉有；再傳孔伋；三傳孟子；傳至漢代，孔明、關羽各得其一體；東西晉的羊祜、杜預、謝安也學得一枝一葉。唐代雖然確立了「儒將」㈤一詞，但所謂「儒將風流」者，實是儒表而玄裡——晉人清談僞裝了「儒將」，這是一小刼。宋儒便把孔子的武裝完全解除，八百年來，孔子門徒僅成爲「愧無半策匡時難，惟餘一死報君恩」（甲申殉難錄）的無用書生，這是一大刼。今天我選「孔孟治兵語錄」，是眞儒學，揭去玄學、理學的外衣，還原了孔子的本來面目——允文允武大成至聖，未必無人向我「大笑」！但此時此地，吾將吾士，要作一番理智的檢討：我們除了找出「軍人模楷」，相習成風，還有什麼其他的力量可以鑄造「軍人魂」？我們除了祈禱新儒將的誕生，還有什麼更高的希望？

試擬「儒將守則」十條，其中一至八以爲軍人之修己，九至十以爲大將之治兵。心誠求之，「軍人魂」於是復活！

一、「仁爲己任」（泰伯）；

二、「至死不變」（中庸）；

三、「智者不惑」（子罕）；

四、「勇而有禮」（陽貨）；

五、「臨事而懼」（述而）；
六、「好謀而成」（述而）；
七、「見利思義」（憲問）；
八、「不忮不求」（子罕）；
九、「忠信重祿」（中庸）；
十、「令從所好」（大學）。

十四　本錄的緣起與讀法

三十八年五月起，至四十二年九月止，我主管鳳山四訓班、軍校和步校的政治教育，先後曾對十萬員生戰士講授「軍人人生哲學」，並曾主張「軍人魂運動」，希望養成若干位儒將。四十四年春，李浴日先生將刊行「中國兵學大系」，提倡「仁師義戰」，囑我選註「孔孟治兵語錄」。不久，浴日先生逝世，夫人賴瑤芝女士繼其遺志，刊行「大系」，仍囑我完成前議。因用兩月日夜之力，完成本書，並以紀念自己從軍十年。

本錄讀法：一、先精讀這篇自序；二、然後看註，依註的次序再找正文讀；三、俟正文與註都讀懂了之後，將正文背熟；四、本書應置於案頭，行軍時則置於衣袋內，每日清晨高聲朗誦若干段。

本人對於我國軍人的無上期望，均載於本書。凡我同袍，幸勿忽視。十年之後，我將目覩將皆儒將，兵皆儒兵，中國兵學將成爲世界兵學。

趙尺子

自序於反攻復國基地臺灣

中華民國四十六年四月二十日

註：㈠參看本錄第一編「士德」節註。㈡康有爲的「強學會」出典於此。㈢「北洋武備學堂」爲近代我國軍校的權輿，出典於此。㈣參看呂氏春秋順說篇淮南子主術訓及列子說符篇。㈤唐薛能詩：「儒將不須誇郤縠，未能詩句解風流。」

孔孟治兵語錄

第一編　孔子治兵語錄

第一章　國　策(一)

一

季氏(二)將伐顓臾(三)。冉求、季路(四)見於孔子曰：「季氏將有事於顓臾。」

孔子曰：「求！無乃爾是過與(五)？夫(六)顓臾，昔者先王(七)以爲東蒙主(八)；且在邦域(九)之中矣；是社稷之臣(十)也：何以伐爲(十一)？」

冉求曰：「夫子(十二)欲之；吾二臣者，皆不欲也。」

孔子曰：「求！周任(十三)有言曰：『陳力(十四)就列(十五)；不能者止(十六)。』危而不持，顛而不扶，則將焉用彼(十七)相(十八)矣？且爾言過矣！虎兕(十九)出於柙(二十)；龜玉(廿一)毀於櫝(廿二)中，是誰之過與？」

冉求曰：「今夫顓臾，固(廿三)而近於費(廿四)；今不取，後世必爲子孫憂。」

孔子曰：「求！君子疾夫(廿五)『舍曰欲之，而必爲之辭(廿六)。』丘也(廿七)聞：『有國有家者，不患貧而患不均；不患寡而患不安(廿八)。』蓋(廿九)均無貧；和無寡；安無傾。夫如是，故遠人不服，則脩文德(卅)以來(卅一)之；既來之，則安(卅二)之。——今由與求也，相夫子，遠

人不服而不能來；邦分崩離析而不能守㊸也；而謀動干戈於邦內㊹：吾恐季孫之憂，不在顓臾，而在蕭牆㊺之內也㊻！」（季氏）

要領　孔子的國策：均產和民，以求國家的安定；對外不侵略。

註釋　㊀周朝是文武合一的時代，孔子是允文允武的至聖。孔子雖未親身治兵，卻曾決策並指導「墮三都」之戰；而且遺留下許多有關「國策」、「士德」（武德）、「統馭」、「訓練」、「作戰」的寶貴訓示，為孫子十三篇一書的先路。惜宋朝以後，儒者不解孔子的學說，軍人不讀孔子的書籍，致令徒存「儒將」之名，而軍人不復知如何才能做「儒將」。註者現從孔子所定的「國策」註起，以備軍人入閣參加決策的參考，次為「士德」，次為「統馭」，次為「訓練」，次為「作戰」，使讀者洞知孔子雖不被稱為兵學家；但他的兵學思想確極精到偉大，為中華民族文化的正統。讀者潛心研究，融會貫通，便可知「儒將」能學而至。㊁季氏即季康子，魯國的權臣，姓姬，名康；子係尊稱；在宗譜上他屬於第三支，故稱季。㊂顓臾，顓音專，臾音俞。伏羲氏太皞之後，風姓。其國在今山東蒙山左右，當時係魯國的附庸（附庸意義見第二編「國策」七節註二四。）㊃冉有、季路，冉有，名求，字子有；季路，姓仲，名由，字子路，季路的季指行輩，卽老三。冉有爲孔門政治家，也曾統兵作戰；季路爲孔門將帥之材，忠義殉職，極爲楚國名將子西所稱服。㊄孔子獨呼冉求的名，而責其應負未曾諫阻季康子的罪過，因他當時很得季氏的信任；也可見在伐顓臾的作戰計劃裡，季路並不是決策的人物。無乃，莫非是；爾，古你字；是，之字；與，古歟字，如今人說話時所用的「麼」「嗎」。㊅夫，義爲「按查」；舊解爲起語詞，沒有意義。㊆先王，周朝的先代之王。㊇東蒙主，東蒙，山名，卽今山東蒙山；主，主祭祀的君王。㊈邦域，邦，國；域，國境。㊉社稷，社，土神；稷，穀神。社稷臣，參加社稷祭典的臣，卽地位高的官員。⑪爲，語助詞，如今天用的「哇」。⑫夫子，指季康子，如今稱「老先生」。⑬周任，古代歷史家。⑭陳力，陳，古陣字；陳力，謂把個人能力貢獻於作戰。⑮就列，就，古卽字，義爲「加入」；列，行列，卽「隊伍」。就列，今謂「入列」。⑯陳力就列；不能者止，係古代野戰軍編制原則，謂戰力強者才能入列；能力低者不編入隊，而爲雜役兵。⑰彼，那個。⑱相，古代拉瞎的人稱爲相；此謂輔相。⑲兕，音犀，犀牛。⑳柙，音押，獸籠。全句指季氏的對外侵略。㉑龜玉，龜，卜卦所用；玉，石器時代的貨幣，酬神所用。此言寶物，指顓臾爲伏羲氏的後國，不應被滅亡。(廿二)櫝，音讀，櫃。全句指顓臾被滅亡。(廿三)固，城堅固。(廿四)費，音必，季氏的采邑。在今山東費縣，古顓頊國西南數十里。(廿五)疾夫，疾，古嫉字，痛恨；夫，語助詞。(廿六)舍曰欲之，而必爲之辭，舍古捨字；欲，喜好；辭，說法。全句謂掩飾心中不光明的私欲，却另外製造光明正大的理由。如毛匪掩飾心中獨裁媚俄的私欲，却另外製造「無產階級革命」的理由。(廿七)丘也，丘，孔子名；也，古「呀」字。(廿八)這兩句是古代的成語，孔子引來，故曰「聞」。全文是說：「主持國政的人，不怕國民經濟的貧窮，而怕國民所得不均平；不怕國家人口的稀少，而怕人民情緒不安定」。寡，指人口不足言，古代各國都有人口不足之患，與今日人口過剩大不相同。(廿九)蓋，因爲。(卅)脩文德，脩，治；文，文化；德，道德含政治。(卅一)來，招來移民。(卅二)安，安定其生活，指授田授宅。(卅三)守，謂守國，卽安定內部。(卅四)謀動干戈於邦內，謀，作戰計劃；動，行動；謀動今謂「作爲」。干，古楯字，籐牌；戈，戈矛。全句指伐顓臾。(卅五)蕭牆，蕭，肅字之誤。古代王侯貴族公府私邸正門內均有照壁，臣民入門見照壁便肅然起敬，故照壁名蕭牆。憂在蕭牆，俗說「禍起蕭牆」，謂內亂。

㊇本節全文，是說孔子所定的「國策」，在政治上是均平國民所得，增加人口而謀民和，以求國家的安定和平；在軍事上是守勢主義，對外不侵略。這和　國父的三民主義完全相同。

二

子貢㊀問政㊁。

子曰：「足食㊂；足兵㊃；民信㊄之矣。」

子貢曰：「必不得已而去，於斯三者何先？」

曰：「去兵。」

子貢曰：「必不得已而去，於斯二者何先？」

曰：「去食。——自古皆有死㊅；民無信不立㊆！」（顏淵）

要領　糧食、武備、法度爲政治之本；法度尤重。

註釋　㊀子貢，姓端木，名賜，字子貢。㊁政，政治。孔子時政治一詞的意義，和現代不同。在孔子以前，所謂政治，指「祀」「戎」。孔子時，凡今天的政治、法律、經濟、軍事、外交、文化、教育、宗教……均屬政治範疇。國父說：「管理衆人的事，就是政治」，很和孔子時政治定義相近。㊂食，糧食。官民的糧食，含軍糧。㊃兵，武器，裝備。當時兵的意義，與今天不同。孔子時適齡的男丁皆為戰士，名為卒，不名為兵，由貴族統馭之以作戰。兵字專指武器和裝備。㊄信，不是道德範疇的信；而是政治範疇的信。指由君王確立成套的上下信守的種種制度而言。書經舜典：「同律、度、量、衡」，班固漢書律歷志解這五字說：「所以齊遠近，立民信也。」馬融解說：「律，法也。」司馬遷史記律書說：「齊用王子（子成父），吳用孫武，申明軍約，賞罰必信，卒霸諸侯」。足證孔子主張制定法律（他名之為禮），使君民共相信守。孫武「賞罰必信」也是有「軍約」的根據。故信字指上下信守的一種制度；不指空談信義、信賴、信仰等等。何晏註：「治邦不可失信」，朱熹註：「教化行而民信於我」，都不是孔子的原義；朱註尤誤事，空談「教化」，民不會信我的。㊅死，去兵則國亡而君死；去食則祿亡而君、大夫、士皆死。孔子所說的死，指執政者而言。㊆立，制度廢，則民逃往他國，不立於本國。「軍約」廢，亦然。此立字是孟子「天下仕者皆願立於王之朝」的立字（見本選「總動員」章第五節），也是班固「立民信」的立字，純屬於政治範疇，不屬於道德範圍。向來註者均將「民無信不立」解成「人無信義道德，便不是人」，非孔子的原義。

三

子曰：「導㈠千乘㈡之國：敬事而信㈢；節用而愛人㈣；使民以時㈤。」（學而）

要領　敬事，節用，愛軍民。

註釋　㈠導，領導，治理。㈡千乘，一千輛兵車，指周朝諸侯國。㈢敬事而信，負責任，辦政事，制定法度，取信軍民。㈣人，指貴族平民。㈤民，專指平民，內含在鄉軍人。使民以時，謂徵兵徵役，須在農暇。古時及齡壯丁以業農者爲絕對多數，若在春夏秋作戰徵兵，或作工徵役，根本妨害人民生產。

四

子曰：「好勇，疾貧：亂㈠也。人而不仁，疾之已甚：亂㈡也。」（泰伯）

要領　防亂。

註釋　㈠勇武的人，嫉恨貧窮則作亂。㈡對沒人性的人，逼之過急，他要作亂。全節指明亂源，喚起國策負責人注意防亂。至於防亂方法，如均產、足食、愛人……等，已見以上三節；尚有勵學、尙義……等，分見以下各章節。

第二章　士　德㊀

一

子曰：「君子道㊁者三，我無一能焉：仁者不憂㊂；知者不惑㊃；勇者不懼㊄。」

子貢曰：「夫子自道㊅也！」（憲問）

要領　人生哲學三達德（「君子道」）。

註釋　㊀士德，士字原始意義是武士。周禮考工記弓人：「弓長六尺有六寸，謂之上制，上士服之；弓長六尺有三寸，謂之中制，中士服之；弓長六尺，謂之下制，下士服之。」可證士指使用弓箭的人。孔子以前，行封建制度，軍政大權均由貴族操之。武士分上中下三等，專由低級貴族充之；兵卒則由平民中征集，僅用干戈。孔子時，封建制度破產，低級貴族的武士失其專職（作戰做吏），有讀書者，而讀書者均為失職的武士，故士變成讀書人——書生的稱呼。本書中孔孟所稱的士，實指當時文武合一的士而言。自宋儒認為士僅指文士，一般武士遂亦不知孔孟士德，實亦為武士的德行。近古史以來武士亂德，實由於此。今後，凡屬武士，應知孔孟士德，適於文士，更適於武士。誠能遵奉孔孟士德，必可成爲儒將。本書不題爲「武德」而稱「士德」，謂今之文士固應有此德行；而武士尤應有此德行。㊁君子道，君子指品學兼優，文武全材的人；道，原義爲路，此處借作人生哲學講。㊂仁者不憂，仁，指二人，孟子說：「親親，仁也」，正是仁字原始意義，如「羊我」爲義。仁，後解爲愛。仁者，愛人類，愛國家。仁者憂道；不憂貧。㊃知，即智字。知者明理，故不惑。㊄勇，勇者果敢，故不懼。這三字爲孔子的「三達德」，是他理想人生的最高境界。武士如達成這三種境界，便生爲儒將，死爲軍神。又，孫武子十三篇「將者，智、信、仁、勇、嚴也」，即取孔子仁知勇三字爲「武德」的重心。㊅道，說道的道。子貢是說：「老先生您太客氣呀！」言外是說：「您已是仁人，是知者，是勇士了。」「君子道」三字，殆爲日本「武士道」三字的來源；但日本軍人不足語於此。

二

子曰：「志士㊀仁人，無求生以害仁㊁；有殺身以成仁㊂。」（衛靈公）

要領　志士重成仁。

註釋　㊀志，指士心，古志字實爲武士的心。今稱有志之士。㊁害仁，志士仁人不會爲求個人生活的滿足和小我生命的存續，便作害仁的事。所謂害仁的事，大者如毀滅人類，叛變國族；小者如殘民，賣友，陷害長官或同仁部下之類。㊂成仁，志士仁人曾有爲了拯救人類，効忠國家而犧牲小我的生命者，謂之成仁。文天祥以文人從軍，勤王救國，被俘不降，從容就義，留有衣帶銘曰：「孔曰『成仁』，孟曰『取義』。惟其『義』盡，是以『仁』至。讀聖賢書，所學何事？而今而後，庶幾無愧！」爲孔子這裡所說「殺身成仁」，孟子所說「舍生取義」的實踐者。孟子的話，見本選孟子治兵語錄「士德」章第三節。

三

子曰：「富與貴㊀，是人之所欲也；不以其道㊁得之，不處也。貧與賤，是人之所惡㊂也；不以其道得之，不去也㊃。

「君子去仁㊄，惡㊅乎成名㊆？君子無終食㊇之間違仁㊈：造次㊉必於是⑪，顚⑫沛必於是！」（里仁）

要領　君子無時無地違仁。

註釋　㊀富，發財；貴，升官。㊁道，救國，救民，廉潔，守法，均是孔子這裡所說的「道」。若叛國，害人，貪污，枉法，奔走鑽營，皆上節所說

「害仁」的事，就算「無道」。㊂惡，音物，討厭。㊃貧賤有「不以其道得之者」，指上無詮衡，下無選舉，君子在野，小人當道。此時君子自亦不辭安貧樂道。㊄去仁，離開仁字。君子之智曷嘗不足以求富貴？勇亦曷嘗不足以避貧賤；但當亂世，求之，必須害仁，避之，也必須害仁，故甘願不去仁。㊅惡，音烏，何以。與上文「惡」字不同。㊆名，千古不朽的名譽，非一時宜赫的虛名。㊇終食，吃一頓飯的時間，言其短。㊈違仁，違背仁字，即害仁。㊉造次，與倉猝、卒然，是一夏音的三種寫法，都指忙迫的一瞬時間。⑪是，指仁字。⑫顛沛，即顛播，流亡。

四

子曰：「民之於仁也，甚於水火㊀。水火，吾見蹈而死者矣；未見蹈仁而死㊁者也！」（衛靈公）

要領　自殺不如成仁！

註釋　㊀「民非水火不生活」（孟子語），仁與水火價值相等。㊁蹈仁而死，即「殺身成仁」。孔子此言，嘆「殺身成仁」者的少見。其前，比干以死諫暴紂，孔子稱他為「仁」；當時，弟子子路以死報其主，孔子見之。

孔子以來，田橫島五百壯士、文天祥、方孝儒、史可法、黃道周、黃花崗七十二烈士、閻海文、張靈甫、黃百韜、太原五百反共烈士、一江山七百二十烈士，……或慷慨成仁，或從容就義，都是蹈仁而死者，孔子如親身見之！二千年來，殺身成仁者史不絕書，實皆爲孔子之徒。

五

子曰：「有德㈠者必有言㈡；有言者不必㈢有德㈣。仁者必有勇㈤；勇者不必有仁㈥。」（憲問）

要領　勇生於仁。

註釋　㈠德，原義爲族、群；後變爲德行。㈡有德行的人，必有嘉言。㈢不必，未必。㈣呂不韋有「春秋」，曹操、秦檜、嚴嵩有「文集」。孔子說：「巧言令色，鮮矣仁！」㈤大勇的人，必是志士仁人。㈥貪夫殉財，佞臣舐痔，也是一種勇氣；但此勇士便不是仁人。

六

子曰：「由㈠也！女㈡聞六言六蔽矣乎？」

對曰：「未也。」

（子曰：）「居㈢！吾語㈣女：好㈤仁不好學㈥，其蔽㈦也愚㈧；好知不好學，其蔽也蕩㈨；好信㈩不好學，其蔽也賊(十一)；好直(十二)不好學，其蔽也絞(十三)；好勇不好學，其蔽也亂(十四)；好剛(十五)不好學，其蔽也狂(十六)。」（陽貨）

要領　學以成德。

註釋　㈠由，仲由，字子路。爲孔門將帥之材。此下六節，都是孔子教練子路的士德，和子路受訓後的成就。㈡女，古汝字。㈢居，古坐字。㈣語，告訴。㈤好，音耗，喜好。㈥學，學習，多讀書。軍人廢書不讀，爲國家和個人最大的危機。㈦蔽，弊病。㈧愚，愚魯。好仁不好學，其蔽也愚，左傳記有標準的故事。據云：宋襄公是有名的好仁之君。一次，他和楚國在泓水會戰，當楚兵陣地沒有構成之前，他的參謀長力主出擊，以逸擊勞；他以這爲不仁，不肯下令。作戰時又不肯重傷楚兵，不肯捕捉楚國老兵，他以爲這都不仁。結果宋兵大敗，他亦負傷身死。㈨蕩，游移，無決心，或輕下決心。㈩信，信實，重然諾，言必信。(十一)賊，害，害人誤事。孟子說：「大人者，言不必信，行不必果，惟義所在。」謂無害於義，則言出必信；有害於義，勿輕然諾，甚至食言也無不可。(十二)直，脾氣火暴，不加思索。(十三)絞，古急字。心燥性急，不溷學理、典範、經驗、情況和幕僚計劃，而輕於發令，急於行動，必致誤事。(十四)亂，輕者違紀，重者叛變，均謂之亂。上文「國策」四節「好勇，亂也」，下文七節「有勇，為亂」，即此亂字。㈤剛，逞強，自大，自是。㈥狂，目無長官。仁、知、信、直、勇、剛六言，經孫武十三篇採「智、信、仁、勇」四字，並改「直、剛」二字為「嚴」，成立「智、信、仁、勇、嚴」體系，為二千年來軍人良好的德行；但我們必須克服「婦人之仁」、「少爺之知」、「江湖之信」、「太保之直」、「匹夫之勇」、「霸王之剛」，因為這些不正常不成熟的用心行事，遺害本身者小，遺誤戰局者大。克服之法，惟有好學一途。

七

子路曰：「君子尚㈠勇乎？」

子曰：「君子義㈡以為上。——君子有勇而無義，為亂㈢；小人有勇而無義，為盜㈤。」（陽貨）

要領　以義制勇。

註釋　㈠尚，崇尚。子路的意思：仁知勇三達德應是「武勇至上」。㈡義，原始意義指羊和我的關係，羊依我，我依羊，純為游牧人所用的語言，經造成字。孔子時代，義的意義為合禮、合理。孟子特別倡導義字，作為上對下，下對上，我對國，我對人之間的本能的合理的相處原則。本文孔子告子路，君子應以義制勇。勇如電，義如變壓器。㊂君子有勇，如不節制，亦可作亂。鬻拳兵諫，一片忠心，因不知以義制勇，遂留千古罵名。㊃小人，指一般人而言。軍政叛變，史不絕書，均爲不知以義制勇的結果。㊄盜，大盜盜國，強盜刼財，狗盜行竊。

八

（孔子）在陳㊀絕糧，從者病㊁，莫能興㊂。

子路慍見㊃，曰：「君子亦有窮乎？」

子曰：「君子固窮㊄；小人窮，斯濫㊅矣。」（衛靈公）

要領　固窮；防亂。

註釋　㊀孔子去衛，適楚，過陳，被圍絕糧。陳，音沉，原義東方的城，在今河南淮陽，城西南有孔子絕糧臺。㊁從者，孔子弟子。㊂興，起床。㊃慍見，慍，音運，心中微怒；見，音現，卽古現字。㊄固窮，固就是「勿意，勿必，勿固，勿我」（孔子語）的固，原義爲保守、頑固，此處爲守護；窮，貧窮。固窮就是「貧與賤，人之所惡也，不以其道得之，不去也」（上文「士德」章三節）的意思。固窮一事，在士德中佔有重要的地位。士不能固窮，大則叛國；小則譁變；奔走鑽營，尤其小焉者。但固窮作爲個人修養則可；作爲國策則必大錯。主持國政軍政者，萬萬不可以固窮期望全民；必須積極富國富民富兵。孔子適衞時，見衞國人口頗多，嘆曰：「人口不少了！」冉有問：「人口不少了，下一步怎辦？」孔子說：「使他們富足起來！」冉有又問：「富足了，下一步又怎辦？」孔子說：「辦教育！」孔子主張庶而富之，富而敎之，極爲通達治體。㈥濫，即亂。本節孔子敎導子路，一、應知君子處逆境時內心的修養；二、君子治國治兵須防下級窮到某種限度便要作亂。

九

子曰：「衣㈠敝縕㈡袍，與衣狐貉㈢者立，而不恥㈣者，其由㈤也與？」（子罕）

要領　不爭待遇。

註釋　㈠衣，着裝。㈡敝縕，敝，破舊；縕，絲緜。㈢狐貉，狐音賀，貉音耗，皮袍。㈣恥，自卑感。㈤由，子路名。子路「志於道」不「恥惡衣，惡食」（孔子曰：「士，志於道，而恥惡衣惡食者，未足與議也！」見本章十二節），孔子對他極表贊許。二千載後，讀這一節，想見儒將子路之爲人！但我們千萬不可以爲人人都是子路！

十

子路問成人㈠。

子曰：「若臧武仲㈡之知；公綽㈢之不欲㈣；卞莊子㈤之勇；冉求㈥之藝㈦；文㈧之以禮樂㈨：亦可以爲成人矣㈩。」

曰⑪：「今之成人者何必然⑫！——見利思義⑬；見危授命⑭；久要⑮不忘平生之言：亦可以爲成人矣！」（憲問）

要領　子路的軍人人生哲學。

註釋　㈠成人，全人，人格圓滿的人。㈡臧武仲，魯國的大夫，名紇。㈢公綽，孟公綽，魯大夫。㈣不欲，澹泊無欲。㈤卞莊子，卞，魯邑名，莊子爲此邑的大夫。孔子時的大夫，文武合一，出將入相。㈥冉求，即冉有，孔子文武雙全的弟子，文可作宰相，武曾統兵對齊國作戰。㈦藝，材藝。㈧文，原義爲木紋。孔子用這字，義爲從內心到外表加以修飾。㈨禮樂，禮，孔子時代的禮，指政治、法律、軍事、外交、經濟、宗教、國家、社會、家庭、個人相互的儀禮；樂，音樂，含詩。㈩孔子心目中的成人，須明智、澹泊、勇敢、多材多藝、嫻熟禮儀、欣賞音樂。⑪曰，子路所說的話。⑫子路認爲孔子要求過高。⑬即「臨財勿苟得」。子張曰：「見得思義。」㊃即「臨難勿苟免」。子張曰：「見危致命」。㊄要，約定。和人定約謂之要；和神定約謂之誓。

十一

季子然㊀問：「仲由、冉求可謂大臣㊁與？」

子曰：「吾以子為異㊂之問；曾㊃由與求之問！——所謂大臣者，以道㊄事君；不可，則止㊅。今由與求也，可謂具臣㊆矣。」

曰：「然則從之㊇者與？」

子曰：「弒㊈父與君亦不從也！」（先進）

要領　儒將決不叛國。

註釋　㊀季子然，魯國季氏的子弟，名然。季氏係魯國貴族，四分魯國有其二，時謀篡位。仲由、冉求均曾仕於季氏。㊁大臣，將相。㊂異，別人。㊃曾，却是。㊄道，內聖外王之道。㊅止，辭職。㊆具臣，具，原義為祭祀時的供具；具臣謂備位而不發生作用的臣，如「具文」然。㊇從之，從，附和；之，指季氏。㊈弒，殺。孔子時代，將相叛變，弒父弒君，史不絕書，孔子作「春秋」一書（在今十三經中），痛斥亂臣賊子。

本節孔子說：「仲由、冉求雖然還不夠作大臣；但也不肯附和亂臣賊子，弑君弑父。」

十二

子曰：「士志於道㈠，而恥惡衣惡食者，未足與議㈡也！」（里仁）

要領　不爭待遇。

註釋　㈠道，內聖外王出將入相之道。㈡議，談。

十三

子曰：「士而懷㈠居㈡，不足以爲士也！」（憲問）

要領　不爭官舍。

註釋　㈠懷，想。㈡居，居舍。孔子「飯蔬食飲水，曲肱而枕之，樂在其中」，弟子顏回「在陋巷，人不堪其憂，回也不改其樂」，子路「衣敝縕袍，與衣狐貉者立，而不恥」，孟子「朝不食，夕不食，饑餓不能出門」，孔顏所「樂」者何事？仲孟自甘者又何事？皆上節所謂「士志於道」而已！但，下一轉語：士可以安貧樂道；執政者却須知何以「養士」。

十四

子曰：「不患無位㈠；患所以立㈡。不患莫己知㈢；求爲可知也！」（里仁）

要領　立德；立功。

註釋　㈠位，地位，職位。㈡立，立德，立言，立功。㈢知，知己，知遇。士本身無須患得患失；應以未能立德、立功爲憂。士不應以「莫我知也」爲嘆；應努力立德、立功，以求人之知我。孔子平生在位，不足三年；但孔子所立，傳於萬世。

十五

曾子㈠曰：「士不可以不弘毅㈡。任重㈢而道遠㈣。——仁以爲己任㈤，不亦重乎？死而後已㈥，不亦遠乎？」（泰伯）

要領　救人，救國，死而後已！

註釋　㈠曾子，名參，字子輿，孔子弟子。㈡弘毅，弘卽宏，指心胸恢廓；毅，強，指志向堅定。㈢任重，任，責任；重，艱巨。㈣道遠，道，路程；遠，悠遠。㈤仁，救人類，救國族。行仁爲士的責任。㈥死而後已，指終身行仁。諸葛亮「鞠躬盡瘁，死而後已」，得力於曾子。

十六

曾子曰：「可以託六尺之孤㈠，可以寄百里之命㈡，臨大節㈢而不可奪也：君子人與？君子人也！」（泰伯）

要領　効忠國家。効忠正統。

註釋　㈠孤，古孩字。古代君王自稱曰孤。六尺之孤，指先帝之子。託六尺之孤，謂効忠正統的中央。如陳平、周勃、諸葛亮等人。㈡百里，指國家。古代諸侯國面積百里。命，政令。此兩句謂先帝崩殂，新君尚幼，老臣居攝。㈢臨大節而不可奪，謂如母后陰謀竊國，如呂后、武后（則天），或權臣謀篡，如曹操、司馬懿，此時受命託孤之老臣，忠心耿耿，輔弼幼主，內安反側，毫不動搖。

十七

子路問強㈠。

子曰：「南方之強㈡歟？北方之強㈢歟？抑爾㈣強歟？

「寬柔以教㈤，不報無道㈥：南方之強也，君子㈦居之。

「衽金革㈧，死而不怨㈨：北方之強也，而強者居之。

「故曰：『君子和而不流㈩，強哉矯⑪；中立而不倚⑫，強哉矯；國有道⑬，不變塞⑭焉，強哉矯；國無道⑮，至死不變⑯，強哉矯。』⑰」（中庸）

要領　孔門的兵學。

註釋　㈠強，兵學。㈡南方之強，指周朝楚國所傳的兵學。楚為夏人的後裔，所傳兵學為夏人的兵學，尚忠。㈢北方之強，指商周以來的兵學。㈢抑，或；爾，你。㊄寬柔以教，寬，寬大。夏人初爲游牧民族，全族皆兵，不待集訓，而有自動的紀律，故曰寬。柔，懷柔，好謀而成，以柔道勝敵。夏朝兵法重寬重柔，以教當時。㊅不報無道，對無道之人之國，不講報復。㊆君子，當指老子一輩人。老子楚人。老子思想，爲道家之祖，也爲兵家之祖，主柔，主不報。㊇衽金革，衽，古任字，恃；金，金屬兵器；革，皮屬甲冑。㊈死而不怨，輕生死，死而無憾。㊉和而不流，和，人和之和；流，放肆。㊀矯，詩「矯矯虎臣」之矯，庸中矯矯，好。強哉矯，謂這樣「和而不流」的兵學很好。㊁中立而不倚，中，中行之中，不偏不倚；立，有所樹立；倚，走曲線。中立而不倚，謂士應不偏不倚，卓然立功，而不走曲線。㊂國有道，太平之時。㊃塞，閉塞，貧窮。國有道，不變塞，謂國家太平，士則守志，不變貧寒時安貧樂道的態度。㊄國無道，權奸篡位，君王流亡，如魯昭公迫於季氏而出亡，大夫專政，如季氏擁立虛君，弄政竊國。㊅至死不變，謂這儒將，效忠國家，至死不變其節。㊆本書所選，均出於論語；惟此條出於中庸。因孔子這段話，對夏商周兵學都有扼要的介紹與講評；並自行建立孔門的兵學。性質極端重要，故特引來。孔門兵學，爲一、儒將（君子）得人和而不流於放肆；二、儒將中道而行，不偏不倚；三、儒將處治世，不弄兵柄，安貧樂道；四、儒將當亂世，効忠正統，至死不向逆叛靠攏，外敵來侵，則作戰到底，不成功便成仁。但此僅爲孔門兵學的一斑；詳見上下各章，並須與此節融會貫通以讀之。

第三章　統　馭㊀

一

子曰：「其身正，不令㊁而行；其身不正，雖令不從。」（子路）

要領　以身作則。

註釋　㊀孔子時代，文武合一，入則爲相，領導文武，出則爲將，統馭官兵，故孔子有關於領導的遺敎，古今通用於治兵。用之最得效者，爲諸葛亮、羊祜、戚繼光、曾國藩。㊁令，命令。

二

季康子㊀問政㊁於孔子。

孔子對曰：「政者，正㊂也。子帥㊃以正，孰㊄敢不正？」（顏淵）

要領　以正帥下。

註釋　㈠季康子，詳國策第一節註二。㈡政，行政。古來所謂行政，在政治上曰統治；在軍事上曰統馭。㈢政者正，正，指用手扶正；攴爲正字的孳乳字，故孔子以正釋政。㈣帥，古率字，表率，統帥。㈤孰，音熟，古誰字。

三

子張㈠問於孔子曰：「何如斯㈡可以從政㈢矣？」

子曰：「尊五美，屏㈣四惡，斯可以從政矣。」

子張曰：「何謂五美？」

子曰：「君子惠而不費；勞而不怨；欲而不貪；泰而不驕；威而不猛。」

子張曰：「何謂惠而不費？」

子曰：「因㈤民之所利而利之㈥，斯㈦不亦㈧惠㈨而不費㈩乎？──擇可勞⑪而勞之⑫，又誰怨？──欲仁而得仁，又焉貪⑬？──君子無衆寡⑭，無大小⑮，無敢慢⑯，斯不亦泰而不驕⑰乎？──君子正其衣冠⑱，尊其瞻視⑲，儼然⑳人望㉑而畏㉒之，斯不亦威㉓而不猛㉔乎？」

子張曰：「何謂四惡？」

子曰：「不教㉕而殺，謂之虐㉖；不戒㉗視成㉘謂之暴；慢令㉙致期㉚謂之賊㉛；

猶之與人也，出納之吝(卅一)，謂之『有司(卅二)』。」（堯曰）

要領　孔門的領導學、統治學、統馭學、典範令。

註釋　㈠子張，姓顓孫，名師，字子張，孔子弟子。㈡何如斯，何如，怎樣；斯，是。㈢從政，從事行政，含統兵。古代政字，範圍較今爲寬，凡政治、軍事、外交、司法……均屬政事。與國父「衆人之事」相近。㈣屏，音丙，即摒字，除去。㈤因，即依字，依從。㈥因民之所利而利之，謂依照老百姓認爲有利的事，而來擴大他們的利益。如耕者欲有田，就實施「耕者有其田」；大陸人民盼反攻，就實施反攻。㈦斯，此。㈧亦，古也字。㈨惠，恩惠。㈩費，破費。(十一)勞，勞力。(十二)擇可勞而勞之，謂依法選擇應該服力役的人，在業閒時間，派他們作工。古代人民應無代價地爲國家服力役若干日。(十三)欲仁而得仁又焉貪，欲，有善有惡：欲仁，爲善；欲財，爲惡。貪，貪污。全句謂欲行仁，已得到仁了，又何必貪財？孔子教弟子「做大事勿作大官」，單作大官，多少總有貪財的企圖；作了大官，必須做大事——行仁。(十四)無衆寡，謂心中沒有怕勢力，欺弱小的意念。(十五)無大小，謂心中沒有輕視下級，巴結上級的意念。(十六)無敢慢，敢，積極；慢，消極。謂心中沒有巴結上級而便積極做事，輕視下級而便推拖不理的意念。⑰泰而不驕，泰，心中舒坦；驕，傲。⑱正其衣冠，謂服裝整潔合禮。⑲尊其瞻視，瞻視，看。此謂儀態高貴。⑳儼然，儼，山巖；儼然，謂泰山巖巖的樣子，即「坐如山；立如松；臥如弓」的樣子。㉑人望，衆人所望，即「素孚衆望」。㉒畏，敬畏，不是畏怕。㉓威，威嚴，威武。㉔猛，凶猛。㉕教，教育，訓練。㉖虐，暴虐。㉗戒，古誡字，告誡。㉘視成，視，視察；成，成果。不戒視成，謂未經預先指示要領，便突然視察成果。㉙慢令，慢，茫；令，命令。此謂所下命令茫無頭緒，要求規定事項不具體。㉚致期，致，限；期，間。此謂限期完成。㉛賊，害。㉜猶之與人也，出納之吝，猶之，總之；與人，給人；出納，付款收款；吝，慳吝。此謂終歸是要發給人家，但慳吝恨惜，像捨不得的樣子。㉝「有司」，原義爲有所職司，即今辦業務。孔子時，這種辦業務的人，早已成爲貪官滑吏，推拖提成，故「有司」列爲四惡之一。孔子此言，見其痛恨官僚，也復幽默。

四

哀公㈠問曰：「何爲㈡則民㈢服？」

孔子對曰：「舉直㈣錯㈤諸㈥枉㈦，則民服；舉枉錯諸直，則民不服。」（爲政）

要領　「親賢臣，遠小人。」（諸葛亮語）

註釋　㊀哀公，魯哀公，姓姬，名蔣。㊁何爲，何所作爲。㊂民，指君王以下的大夫、武士、人民。㊃直，正人君子。㊄錯，卽磋，切磋；或解爲措，措置。㊅諸，之於兩字拼讀。㊆枉，曲，小人。全句謂起用好人，切磋壞人。或起用好人，開革壞人。

五

定公㊀問：「君㊁使㊂臣㊃；臣事㊄君，如之何？」

孔子對曰：「君使臣以禮㊅；臣事君以忠㊆。」（八佾）

要領　上對下盡禮；下對上効忠。

註釋　㊀定公，名宋，昭公弟。昭公欲逐三桓；反被三桓所逐，三桓立定公爲虛君。㊁君，統治者兼最高統帥。㊂使，使用。㊃臣，大小臣工，卽謂部下。㊄事，侍奉，卽指辦公作戰。㊅禮，孔子所謂禮，指全套人事制度和爵祿制度。今謂禮遇，禮貌。㊆忠，忠誠，忠貞。

六

子曰：「放㊀於利㊁而行，多怨㊂。」（里仁）

要領　上級自利，下級離心。

註釋　㊀放，古傍字，音謗，依傍。㊁自利，自私。㊂怨恨。全句是說：官長自利自私，下級離心離德。歷史上，部下叛變，戰爭潰敗，此為基本原因。

七

子曰：「伯夷、叔齊㊀不念舊惡㊁，怨是用㊂希㊃。」（公冶長）

要領　不念舊惡。

註釋　㊀伯夷、叔齊，孤竹君的二子。孤竹，國名，周初見於歷史。齊桓公伐山戎，滅孤竹，時其國在今遼寧錦縣。㊁舊惡，舊日的惡感。㊂用，使用。㊃希，古稀字。全句謂伯夷、叔齊不念舊日惡感，使用（用）此（是）法，以減少民怨。漢高祖用雍齒，唐太宗用魏徵，均係此法。

八

子曰：「躬㊀自厚㊁而薄責㊂於人，則遠怨矣！」（衛靈公）

要領　嚴於自責，寬於責人。

註釋　㊀躬，自身。㊁厚，與下文薄相對，自厚卽寬。㊂薄責，薄與厚相對，謂寬；責，責備，責成，責罰。以上三節，皆統馭者爭取部下向心力的方法。不自利自私；不念舊惡；嚴於自責，寬於責人，都是遠怨之道。

九

子曰：「孟之反㈠不伐㈡：奔而殿㈢；將入門㈣，策㈤其馬，曰：『非敢㈥後也，馬不進也！』」（雍也）

要領　勿自稱功。

註釋　㈠孟之反，名側，魯國校級帶兵官。㈡伐，丑表功。㈢奔而殿，奔，敗走；殿，殿後。打了敗仗，全軍敗走；孟之反在後掩護。㈣門，城門。㈤策，鞭策。㈥敢，勇敢。此謂敢做敢為之敢。

十

樊遲㈠問……仁。

曰：「仁者，先難㈡而後獲㈢。可謂仁矣。」（雍也）

要領　克難在部下之先；獲獎在部下之後。

註釋　㈠樊遲，名須，字子遲。孔子弟子。㈡難，艱難。㈢獲，得功得獎。晉、范寧註：「艱難之事，則為物先；獲功之事，而處物後」。物，人物。

十一

子路問政。

子曰：「先㈠之㈡；勞㈢之。」

請益㈣。

曰：「無倦㈤。」（子路）

要領　帶頭；犒軍。

註釋　㈠先，帶頭。㈡之，部下。㈢勞，犒。㈣請益，請再添一點。㈤無倦，長期。

十二

子曰：「驥㈠，不稱㈡其力㈢；稱其德㈣也！」（憲問）

要領　觀人以德。

註釋　㈠驥，軍馬。㈡稱，量。㈢力，力氣。㈣德，德行。全文說：衡量馬匹的優劣：不重力氣；要重品格。統馭者須用此道，觀察部下，勿重其貌，而重其德。先嚴云：「恭順者定不効忠；木納者未嘗無勇；犯顏直諫者必係大臣；巧言令色者皆為佞寺；簞食瓢飲者莫非聖賢；抱關擊柝者多為隱逸」。恭錄於此，作觀人的標準。

第四章　訓練

一

子曰：「以㈠不教㈡民㈢戰，是謂棄㈣之。」（子路）

要領　兵必練而後戰。

註釋　㈠以，音已，古用字。㈡教，教育訓練。㈢民，孔子時民即兵；下級軍官稱士；中上級軍官稱大夫。㈣棄，殺，如云「棄市」。以往軍閥「拉夫」，今天共匪「人海」，驅老百姓上戰場，謂之魔鬼。孟子云：「不教民而用之，謂之殃民；殃民者不容於堯舜之世。」（告子）與孔子此語同申痛斥。

二

子曰：「善人㈠教民七年㈡，亦可以卽戎㈢矣。」（子路）

要領　練兵年限。

註釋　㈠善人，與惡人爲對。上節「以不教民戰」者，都非善人。㈡教民七年，對「十年生聚，十年教訓」共二十年而言。這當是孔子以前古兵法中的話；孔子玆修正之。古代各國都發生人口不足問題，故主政者以「來遠人」（見國策第一節）爲急務。遠人來到，政府便授宅授田，安定其生活，這就是孔子所說：「庶矣；富之」（論語子路篇），也就是「十年生聚」。十年後，家給人足，童子七歲受軍國民教育，成人受小學教育，孔子說：「富矣；敎之」，也就是「十年敎訓」。凡新興國和復興國，練兵當都用二十年工夫；孔子說七年也可以作戰，係指督衞這樣國家，家富民庶，不必牢守二十年的古訓。㊂卽戎，卽，古就字，「陳力就列」（國策第一節）的就；戎，古軍字。卽戎就是從軍作戰。

三

子曰：「道㊀之以政㊁，齊㊂之以刑㊃，民免㊄而無恥㊅；道之以德㊆，齊之以禮㊇，有恥且格㊈。」（爲政）

要領　練兵法：「內引出」。

註釋　㊀道，古導字，領導，敎導。㊁政，法令。㊂齊，整齊，整頓。㊃刑，罰。㊄民免，民，古卽兵；免，古勉字。民免，謂用法令刑罰練兵，則這種兵僅能成爲被動守法奉職作戰的兵，卽西洋所謂「外打入」。㊅恥，羞惡之心。㊆德，德育，恩德。㊇禮，禮儀。孔子所說「德」「禮」，較今天我們所瞭解的「德」「禮」的定義，遠爲精到偉大。他說的「德」，不止用道德教育以敎兵；還指着恩德的領導，和恩德的實惠。他說的「禮」，不止普通的軍禮；還有成套的禮儀，使人從七歲到老死都生活於「禮」中。㈨有恥且格，且，並且；格，感化。有恥且格，謂用「德」「禮」所練的兵，恥國亡，恥君辱，恥叛變，恥敗北，恥被俘，恥「臨難苟免」，恥「殘民以逞」，這是大恥；恥戰術不精，恥內務不整……這是小恥。蓋引出人人內心本有的「羞惡之心」，造成自覺自動的軍風紀，就是西洋所謂「內引出」。這樣的練兵法，很值得作具體深入的研究。

四

子曰：「君子無所爭㈠，必也射㈡乎？揖讓而升㈢；下而飲㈣：其爭也君子㈤。」（八佾）

要領　「內引出」一例。

註釋　㈠爭，爭奪，爭論。君子所不爭，指階級、薪餉、官舍、衣食之類。㈡射，射箭，射擊。古代文武合一，男子一生講射，平時用射練心術和技術；戰時以射報國家和官長。「射禮」為軍禮，孔門六藝之一。詳見「鄉射禮」。㈢揖讓而升，賽射時，射手升堂之前，向同射的人作揖。射後下堂，再作揖。都表示謙讓。㈣下而飲，賽畢，得分少者被罰飲酒。㈤君子，謂君子風度，近似西洋「運動員精神」。本節為「齊之以禮」

的一例，見「射禮」可以從內心引出一種「君子風」。茲引孟子所記一段故事，證明古代戰士從「射禮」中引發而出的美德：「鄭人使子濯孺子侵衛；衛使庾公之斯追之。子濯孺子曰：『今日我疾作，不可以執弓，吾死矣夫！』問其僕曰：『追我者，誰也？』其僕曰：『庾公之斯也！』曰：『吾生矣！』其僕曰：『庾公之斯，衛之善射者也！夫子曰：「吾生」，何謂也！』曰：『庾公之斯學射於尹公之他；尹公之他學射於我。夫尹公之他，端人也——其取友必端矣！』庾公之斯至，曰：『夫子何為不執弓？』曰：『今日我疾作，不可以執弓。』曰：『小人學射於尹公之他；尹公之他學射於夫子：我不忍以夫子之道，反害夫子。雖然，今日之事，君事也！我不敢廢！』抽矢，扣輪，去其金，發乘矢而後反。」

五

子曰：「『射，不主皮㊀』；『為力，不同科㊁』：古之道也㊂。」（八佾）

要領　「內引出」一例。

註釋　㊀「射不主皮」，原文見「鄉射禮」。皮，箭垛，古名「射侯」，用皮製成，按射者階級，繪有彩色獸類如虎豹等等。不主皮，謂「箭道」（日本名詞，與「茶道」等並稱，即我古代「射禮」）不止以射中箭垛為上；尤重正心正身各種風度，以引出內心的「君子風」。㈡「為力，不同科」，為力，服勞役；不同科，分等級。古代人民除了服兵役之外，還服勞役。政府將服役的人，視其體力，分為上中下三科，不使偷懶，也不使過勞。㈢古之道，孔子讀古書看到這兩句練兵徵役的道理，不勝其讚嘆。

第五章 作戰㈠

一

子㈡之所慎：齊㈢、戰㈣、疾㈤。（述而）

要領 慎決策，慎會戰，慎退兵，慎善後。

註釋 ㈠孔子為魯國「司寇」（等於保安司令），並「攝行相事」（代理首相），主持「墮三都」的軍事戰和「夾谷之會」的外交戰。子路為將。孔子此際實為「國策」「政略」「戰略」的裁可人。俗儒看見「衛靈公問陳；孔子對曰：『軍旅之事，未之學也。』明日遂行」的記載，便認為孔子不懂兵學，乃至反對一切戰爭。其實，古代陣法屬於戰術範疇，乃中下級軍官所擅長；若孔子則統帥之材，決策之人，不通陣法，也許是事實。本章所選，或為孔子曾經作戰的堅確證據，或為孔子訓示軍人的作戰要領，而中心乃一「慎」字。諸葛亮平生「小心謹慎」，當學自孔子。遠代戰史，不必說了；近代決策不慎，德日敗亡。讀者十年後均將成為指揮參謀將校，應百讀孔孟治兵的書，在「知」字上「慎」字上用工夫，融會貫通，妥善運用，則諸君皆成儒將了。㊁子，孔子。㊂齊，古齋字，音栽，齋戒沐浴，淨慮定心。古代作戰決策之先，君臣齋戒，在宗廟裏擬定計劃。左傳載：齊國陳恆弑君。孔子齋戒三日，三次朝見魯哀公，請出兵討伐，並為擬定作戰計劃。詳見本書序文，其慎重可知。㊃戰，作戰。㊄疾，病。孔子病，季康子贈藥，孔子說：「丘未達，不敢嘗。」（論語鄉黨），極端慎重。這一節係孔門弟子所記，齋、疾之間，著一戰字，列為孔子生平所慎三事之一，且在第二位，為孔子曾經作戰的堅強證據。

二

子曰：「……小不忍㊀則亂大謀㊁！」（衛靈公）

要領　忍辱，忍苦，忍時間。

註釋 ㈠忍，指利刃插在心上，義為忍受一切痛苦；也就是愼。㈡謀，政治、軍事、外交等計劃。勾踐臥薪嘗胆，十年後沼吳；「九一八」六年後，領袖抗日，其謀愈大，其忍愈大。

三

子路曰：「子㈠行三軍㈡則誰與㈢？」

子曰：「暴虎㈣，馮河㈤，死而無悔㈥者，吾不與也！必也！臨事㈦而懼㈧，好謀㈨而成㈩者也！」（述而）

要領 「計劃作戰」。

註釋 ㈠子，孔子。㈡行三軍，統帥三軍作戰。子路知孔子可為統帥，故有此問。後儒則以孔子專是文人。㈢誰與，派誰作大將。此子路自知處。㈣暴虎，暴，古搏字，今抱字，音爆。徒手搏虎，一勇之夫。㈤馮河，馮，古憑字，音平。徒步涉河，無登陸計劃。㈥死而無悔，指不當死而輕死者。死之當不當，以任務為決定條件；不以感情為決定條件。㈦臨事，作戰。㈧懼，即愼；非畏。戰鬪中的一個軍人，必須不怕死；若用一班兵，則其連長必須愼重考慮其犧牲的價值，節制以進，沈着以戰，安全以退。因為這一班兵在決戰時將有他們決定性的作用，不可使他們犧牲過早，成爲無計劃的戰鬪；雖然他們是「死而無悔」的。㊈好謀，好音耗，喜好，重視；亦可音好壞的好，完善。謀，計劃，謀略（隱體戰、心理戰、政治戰、文化戰之類）。㊉成，完成，達成。全句是說：妥定計劃，善用謀略，達成任務。孔子兵學思想，可用「計劃作戰」四字盡之，如「計劃經濟」然。我國自古，重視「計劃作戰」，以武王克殷（商）戰史爲例：一、文王、武王在政略上，聯合殷八百諸侯，取得天下三分之二；二、在戰略上，左（北）用諸戎，撫殷之背，後（東）用諸夷，分殷之兵，右（南）爲中立的諸侯，中央爲周的主力長兵（車與矢）；三、在謀略上，周公策反殷參謀長膠鬲，召公策反紂王庶兄微子啓，組織「宋」國；四、在心理戰上，爭取諸侯，爭取外族，爭取殷人，戰時載文王「木主」以行；五、在時間上，紂王久戰東夷（疑爲呂望所鼓動），財竭軍怨，將相外傾，殷人懸盼周師「弔民伐罪」。這一大作戰計劃，有計劃地執行了三十年，所以「牧野會戰」，會而不戰，殷兵不止十萬，全部「倒戈」，殷國遂亡！這眞是「計劃作戰」的良好例證了。再就兵學著作論，孫子十三篇這本書，是孔子以後戰國時代的作品，也是世界最古典的兵書（孔子的論語不是純粹的兵書），其中說「全國」

，說「全軍」，說「伐謀」，說「伐交」，說「五間」，說「不戰而屈人之兵」，都就是孔子「好謀而成」，孟子「君子不戰」的同一原理，也無一而非「計劃作戰」。我可以說：孔子是「計劃作戰」承先（周）啓後的一位無名的兵學家。而他之所以無名，他之無名也正是中國歷史和軍人的不幸，則全因俗儒不懂得他。

第二編　孟子治兵語錄

第一章　國策

一

孟子曰：「三代㈠之得天下也以仁㈡；其失天下也以不仁㈢。——國㈣之所以廢興存亡者亦然：天子㈤不仁，不保四海㈥；諸侯㈦不仁，不保社稷㈧；卿㈨大夫㈩不仁，不保宗廟⑪；士⑫庶人⑬不仁，不保四體⑭。今惡⑮死亡而樂不仁，是猶⑯惡醉而強⑰酒！」（離婁）

要領　行仁政為國策。

註釋　㈠三代，夏、商（殷）、周三個朝代。㈡仁，指二人，謂人與人的關係；如義字，指羊、我，謂羊與我的關係。孟子給仁字所下定義是「親親，仁也」，謂父母愛子女，子女愛父母。本節的仁字，指仁政，愛民的政治。孟子說：「三代之得天下也以仁」，有歷史的根據。按：夏朝開國的王是禹王，他平治洪水，致力溝洫（開渠），有德於民，有功於國：舜遂以天下讓之：故禹王得天下是以仁政。商朝開國的王是湯王。商原是夏朝諸侯國之一。當湯王爲諸侯時，夏朝天子是桀王，暴虐無道；湯王行仁政，取得夏人的愛護，遂領導革命，推翻夏朝，放桀大沙漠中：故湯王得天下以仁。周原是商朝諸侯國之一。當文王爲諸侯時，商朝天子是紂王，也暴虐無道；文王和其子武王行仁政，取得商朝諸侯和商人的愛護，也領導革命，推翻商朝，紂王自殺：故武王得天下以仁。㊂其失天下也以不仁，夏桀因暴政失天下，商紂也因暴政失天下；惟周朝失天下，則由於封建制度的瓦解，國家思想的形成，與暴政仁政無關。㊃國，國家。古代，天下和國家兩詞的定義，與今天不同：所謂天下，類似今天的合衆國(政治學範疇的詞)；所謂國家，類似合衆國的一個邦。㊄天子，原義是上帝的兒子，卽夏、商、周三代的王。㊅四海，東南西北四大海，四海之內卽天下。㊆諸侯，諸，古衆字；侯，古后字，后卽「天可汗」或成吉思汗的「汗」字。㊇社稷，社，土神；稷，穀神。社稷，古義指國家。㊈卿，王族中階級行輩高者，文武雙全，在天子國出將入相，政治地位等於今院部會首長，軍事地位等於今上將中將。㊉大夫，王族中階級行輩中等者，分上中下三階，文武雙全，在侯國出將入相，等於今之簡薦任及將校。⑪宗廟，宗，祖宗；廟，祠堂。廟，古音兆。⑫士，王族中階級行輩低等者，分上中下三階，文武全材，在政府作吏，在軍隊作下級帶兵官，等於今之委任及尉。⑬庶人，庶，多；庶人卽平民。⑭四體，四肢，卽本身。⑮惡，音物，討厭。⑯猶，像。⑰強，音搶，勉強。

二

孟子曰：「……夫㊀人必自侮，而後人侮之㊁；家必自毀，而後人毀之；國必自伐㊂，而後人㊃伐之㊄。太甲㊅曰：『天㊆作孽㊇，猶㊈可違㊉；自作孽⑪，不可活！』此之謂也。」（離婁）

要領　嚴防內亂。

註釋　㊀夫，按查之義，或曰起語詞。㊁人必自侮，而後人侮之，是說：一個人一定是先侮辱了自己，而後才招到別人的侮辱。就是不自強，必招殃，不自愛，必招害。㊂自伐，自己人打自己人，卽內亂。㊃人，別人，他國。㊄國必自伐，而後人伐之，是說：一個國家一定是先行自伐，而後才引起他國的來伐。在孟子以前的戰史上，其例不勝枚舉，如夏朝仲康伐太康，引來窮國的侵略，商朝微子啓和紂王鬧「內難」（易經）卽內亂，周武王便去伐紂；孟子時，北燕國王子噲，和大臣子之鬧內亂（

詳見第六章「戰史」），齊宣王便乘亂征滅了北燕。在近代，希特勒導演捷克蘇臺區漢倫內亂，因而吞併了捷克；史大林導演毛匪澤東鬧內亂，因而吞併了我們的大陸；日本軍閥導演溥逆儀、汪逆精衛鬧內亂，以侵略我國。這種戰史，詳見拙著「因國史」。㈥太甲，商朝的一位王。㈦天，上帝。㈧作孽，降災。㈨猶，還，尙。㈩違，走避。⑪自作孽，謂內亂。

三

孟子曰：「春秋㈠無義戰㈡。彼善於此者，有之矣㈢。征㈣者，上伐下㈤也；敵國㈥不相征也。」（盡心）

要領　主張「義戰」，反對帝國主義。

註釋　㈠春秋，歷史上一個時代名，卽春秋時代。從周平王四十九年——魯隱公元年（公元前七二二年），到周敬王三十九年——魯哀公十四年（公元前四八一），二百四十一年，謂之春秋時代。因孔子爲這時代寫了「春秋」這部書而得名。㈡義戰，仁義的戰爭，合理的戰爭。春秋時代，臣弑其君，子弑其父，各諸侯國互相征伐，故孔子作「春秋」，痛加貶斥；孟子也創「義戰」一詞，批評那時代的戰爭，基本上不合於仁義之道。讀者應熟讀「春秋」和三傳，這是最古也最好的戰史。㊂彼善於此者，有之矣，謂春秋戰局兩方，彼較此好一點是有的；但基本上都不好。㊃征，古者天子討伐不法的諸侯，謂之征。㊄上伐下，上，指天子；伐，討伐；下指諸侯。㊅敵國，敵，古義爲平輩，兄弟稱「敵體」。敵國，古義爲平等之國。今義變爲敵對的敵。孟子反對「敵國相征」卽反對帝國主義。

四

孟子曰：「求㊀也爲季氏㊁宰㊂，無能改於其德㊃；而賦粟㊄倍他日㊅。孔子曰：『求！非我徒㊆也！小子鳴鼓而攻㊇之，可也㊈！』由此觀之：君不行仁政㊉而富之，皆棄於孔子者也。

「況(十一)於爲之強戰(十二)？——爭地以戰，殺人盈野；爭城以戰，殺人盈城：此所謂『率(十三)土地而食人肉，罪不容於死！』故善戰者(十四)服上刑；連諸侯者(十五)次之；辟草萊(十六)，任(十七)土地者次之。」（離婁）

要領　反政客，反軍閥，反帝國主義。

註釋　㊀求，冉有，名求，孔子弟子。㊁季氏，魯國權臣季康子，爲一大軍閥及帝國主義者。㊂宰，官。㊃德，德行。改於其德，謂改良季氏的德行。⑤賦粟，徵糧。⑥他日，早先。⑦徒，徒弟，弟子。⑧鳴鼓而攻，打鼓而攻擊，謂批評。⑨孟子所引這段，原文見論語先進篇：「季氏富於周公，而求也爲之聚斂而附益之。子曰：『非吾徒也！小子鳴鼓而攻之，可也！』」⑩仁政，仁義的政治。仁，愛人；義，合理；政治含法律、軍事、經濟等等，與今日專指內政者不同。⑪況，音框，原義爲其次，第二；後借爲況且之況。⑫強戰，強力作戰，即侵略戰，帝國主義戰；絕對不是反侵略戰。俗儒不解孟子，以爲他反對一切戰爭，實爲大誤。詳見上下文各章節。⑬率，古帥字，率領。⑭善戰者，指善爲侵略戰者。⑮連諸侯者，指合縱連橫的公孫衍、張儀等政客。⑯辟草萊，辟，古闢字；草萊，古義爲游牧民族的牧田。辟草萊，指武力驅逐弱小民族，侵佔其牧田。⑰任，古壬字，古義爲孕；此處借爲貪字。任土地即貪他國領土，如今之帝國主義者即「新殖民主義者」——俄帝然。

五

孟子曰：「今之事君者曰：『我能爲君辟土地①，充府庫②。』今之所謂『良臣』，古之所謂『民賊』也！——君不鄉道③，不志於仁④；而求⑤富之：是富桀⑥也！

「『我能爲君約與國⑦，戰必克⑧。』今之所謂『良臣』，古之所謂『民賊』也！

——君不鄉道，不志於仁；而求爲之強戰㊈：是輔㊉桀也！

「由今之道⑪，無變今之俗⑫，雖與之天下⑬，不能一朝居⑭也！」（告子）

要領　同上節。

註釋　㊀辟土地，卽上節「率土地」「辟草萊」「任土地」的意思。㊁充府庫，卽上節賦粟的意思。㊂鄉道，鄉，古向字，往；道，王道。鄉道卽往王道政治上走。㊃志仁，志，志向；仁，仁政。志仁卽行仁政。㊄求，請求，謂請做官。㊅桀，夏桀王。㊆約與國，約，約會；與國，友好國。約與國指當時合縱連橫。㊇克，勝。㊈強戰，見上節註十二。㊉輔，古幫字，助。⑪今之道，指孟子時諸侯對內暴虐，對外侵略。⑫今之俗，指政客和無職軍人如公孫衍、張儀、滑釐（愼到）等人助桀爲虐。⑬與之天下，指統一天下。⑭一朝居，指轉瞬滅亡。這是預言秦始皇的興亡。孟子目光如炬，論八十年以後世局，如指諸掌。

六

滕文公㊀問曰：「滕，小國也，閒㊁於齊、楚。事㊂齊乎？事楚乎？」

孟子曰：「是謀㊃，非吾所能及㊄也；無已㊅，則有一焉：鑿斯池也，築斯城也，與民守之㊆，效死而民弗去㊇，則是㊈可爲也。」（梁惠王）

要領　外交國策採獨立主義；軍事國策採守勢主義。

註釋　㊀滕文公，滕國之君。滕，今徐州。㊁間，古間字，兩者之間。㊂事，侍奉。孟子時代，名戰國時代。小國居於兩大國之間，事甲則乙來侵，事乙則甲來侵。時齊在滕北，楚在滕西南，滕處境危殆。㊃謀，外交軍事計劃。㊄及，來得及之及，自謙之意。㊅無已，不得已。㊆與民守之，全國軍民總動員。㊇效死而民弗去，謂軍效死不潰，民效死不逃，這需要一全套計劃，孟子名之為仁政。滕君果採用，見孟子滕文公篇各章「有為神農之言者許行，自楚之滕，踵門而告文公曰：『遠方之人，聞君行仁政，願受一廛而為氓』。文公與之處。」㊈是，事。

七

北宮錡㊀問曰：「周室㊁班爵祿㊂也，如之何？」

孟子曰：「其詳，不可得聞也。——諸侯惡㊃其害己也，而皆去其籍㊄。——然而軻㊅也嘗聞其略也：天子一位㊆；公㊇一位；侯㊈一位；伯㊉一位；子⑪、男⑫同一位：凡⑬五等⑭也。君一位⑮；卿⑯一位；大夫⑰一位；上士⑱一位；中士一位；下士一位：凡六等⑲。

「天子之制⑳，地方千里㉑；公、侯皆方百里；伯七十里；子、男五十里：凡四等

㉒。——不能五十里，不達㉓於天子；附於諸侯，曰附庸㉔。——天子之卿㉕，受地㉖視㉗侯；大夫受地視伯；元士㉘受地視子、男。

「大國㉙地方百里，君㉚十卿祿㉛；卿祿四大夫㉜；大夫倍上士㉝；上士倍中士；中士倍下士。下士與庶人㉞在官者同祿㉟——祿足以代其耕㊱也。

「次國地方七十里，君十卿祿；卿祿三大夫㊲；大夫倍上士㊳；上士倍中士；中士倍下士。下士與庶人在官者同祿——祿足以代其耕也。

「小國地方五十里，君十卿祿；卿祿二大夫；大夫倍上士；上士倍中士；中士倍下士。下士與庶人在官者同祿——祿足以代其耕也。

「——耕者之所獲，一夫百畝㊴。百畝之糞㊵，上農夫食㊶九人；上次食八人；中食七人；下食五人。庶人在官者，其祿以是爲差㊷。」（萬章）

要領　建國百年大計：有計劃地安定文武官吏的生活。

註釋　㊀北宮錡，姓北宮，名錡，衞國政治地位很高的人。㊁周室，周朝。㊂班爵祿，班，頒定；爵，世襲的階級；祿，巨額的薪餉。㊃惡，音物，討厭。㊄籍，成文法，檔案。周室自平王東遷以後，中央衰弱，諸侯獨立，以爵祿制不利於己之聚斂享受，兼以貴族太多，生之者寡，政府不勝負荷，故廢去周初所頒成文法，並毀棄法典。㊅軻，孟子名，自稱名。㈦位，爵位。以下之位，皆指爵位。㈧公，周初天子的長輩及重臣，封爲公爵，如周公、召公。公，古今義均爲對長輩的稱呼；周初始變爲公、侯、伯、子、男五等爵之首。五等爵延用至淸朝始廢。㈨侯，卽后。夏后氏之后，卽商周的天子，故商周對國內地方勢力民族首領及封建新君，名之爲侯。周初封同姓子侄和異姓甥舅建立新國，以藩屏王室，爵皆爲侯，如周公之子伯禽爲魯侯，姜尙爲齊侯，實卽夏語的后。㈩伯，卽後之覇字。周初輩幼功小者封伯爵，異族及地方勢力小者也封伯爵。⑪子，周初輩更幼功更小者封子爵；王族的異族均封子爵，如無終子、楚子。⑫男，周初輩最幼功最小者封男爵。⑬凡，共。⑭五等，爵分五等，卽公、侯、伯、子、男，皆世襲，各有封地，亦皆世襲。周朝八百年，中央穩定五百年，其道理之一便在於此。⑮位，祿位。周朝爵位世襲；祿位也世襲，故孟子說：「士之子恆爲士」，卽一尉級官也祖孫父子輩輩任之；大夫亦然。周朝八百年中，中央地方穩定五百年，道理之二卽爲大夫、士的官祿世襲。周朝全套封建制度中的官吏世襲制度，敎忠，敎孝，防叛，防貪，提高工作效率，確値得現代政治家的參考。⑯卿，周初政府高級文武官官名。⑰大夫，音太僕（補），不音大夫。

周初政府中級文武官官名。㉘上士，周初士分上中下三階，政府下級（基層）文武官官名。皆由貴族任之。㉙凡六等，指周朝政府文武官吏的祿位而言。君（不論天子、公、侯、伯、子、男）一等祿，卿（亦不論爵）二等祿，大夫三等祿，上士四等祿，中士五等祿，下士六等祿。㉚天子之制，卽周朝天子所建立的封建制度。㉛地方千里，指天子封地，平方千里。中央政府預算及天子（王室）俸祿，均仰給此領土中的貢賦。以下類推。㉜四等，指封土卽領土。㉝不達，貢物不達於天子。㉞附庸，附，附屬；庸，古傭字，用。附庸謂附屬於諸侯國，聽侯調用，如顓臾附庸於魯（第一編「國策」註三），皆爲王族的異族及伏羲、黃帝、禹、紂子孫承祀的國。㉟周初中央政府的官員名；春秋以後，諸侯國中央政府官員亦名爲卿，並可由失去世襲祿位很久的士任之，如孟子便曾「加齊之卿相」。㊱受地，受封地，卽采邑。㊲視，比照。㊳元士，天子的士官。其餘上中下三階之士，受田不受封地。㊴大國，諸侯國。㊵君，卽諸侯。㊶君十卿祿，謂君除采邑外，所領薪餉，十倍於卿。㊷卿祿四大夫，卿與大夫俸額爲四比一。㊸大夫倍上士，大夫與上士俸額爲二比一。餘類推。㊹庶人，平民。㊺下士與庶人在官者同祿，謂下士與平民做吏者俸額相同。㊻祿足以代其耕，謂一下士一平民所得俸祿（薪餉）等於一農夫耕田的收入，即一百畝田的純益。這是周初規定俸額的基本原則，其俸值能養全家。㊼卿祿三大夫，謂次國卿祿三倍於大夫。㊽大夫倍上士，自周朝中央政府到各諸侯國政府，大夫和上士俸額均為二比一，此為周朝的「統一薪俸」。附表如下：

周朝各國俸祿表

大國之君	三萬二千畝俸足養二五六〇口
次國之君	二萬四千畝俸足養一九二〇口
小國之君	一萬六千畝俸足養一二八〇口
大國之卿	三千二百畝俸足養二五六口
次國之卿	二千四百畝俸足養一九二口
小國之卿	一千六百畝俸足養一二八口
大夫	八百畝俸足養六十四口
上士	四百畝俸足養三十二口
中士	二百畝俸足養十六口
下士	百畝之俸足養八口

㊾一夫百畝，周初「耕者有其田」制度。周創井田：「井九百畝，其中為公田，八家皆私百畝，同養公田。」（孟子滕文公篇）公田之糧，繳

爲國賦。周代井田遺蹟，現在陝西中部及山西西南部儼然可見，須麥黃時由空中鳥瞰。㊵糞，肥料。此處借作治字解。㊶食，古音異，今音飼。㊷周初俸祿制度，就是中庸所說的「重祿，所以勸士」，一上士薪俸足養三十二口之家，難怪當時「士可殺不可辱」，慷慨赴義了。

第二章　總動員㊀

一

孟子見梁惠王㊁。王曰：「叟㊂！不遠千里而來，亦將有以利吾國乎？」孟子對曰：「王！何必曰：『利』？亦有『仁』、『義』而已矣！王曰：『何以利吾國？』大夫曰：『何以利吾家？』士、庶人曰：『何以利吾身？』上下交征㊃『利』，而國危矣！萬乘之國㊄，弒其君者，必千乘之家㊅；千乘之國，弒其君者，必百乘之家㊆。萬取千焉，千取百焉，不爲不多矣㊇；苟爲後『義』而先『利』，不奪㊈不饜㊉！「未有『仁』⑪而遺⑫其親者也！未有『義』⑬而後其君⑭者也！王亦曰『仁』、『義』而已矣！何必曰『利』？」（梁惠王）

要領　總動員的先決條件：用仁政養成仁義的官民。

註釋　㊀總動員，是世界第一次大戰後，西洋的重要兵學思想。指戰時動員全國的人力、智力、物力、財力和一切力量，參加戰爭。到史大林實行第一個「五年計劃」（一九二八年開始），希特勒實行「計劃經濟」（同時實行「計劃作戰」，參看第一編第五章「作戰」三節註㊉），總動員早於戰前開始，不止限於戰時才施行了。今日俄帝仍在進行第六個「五年計劃」，下至毛匪澤東的「五年計劃」，實際都是總動員。二十八年前，我們只知總動員係西洋兵學思想；近十年，我們才知孟子爲發明總動員的偉大兵學家。遠在周顯王三十三年（公元前三三六年），即孟子見梁惠王之年，他便建議梁惠王，在消極方面，「施仁政於民，可使制挺以撻秦楚之堅甲利兵」，在積極方面，可以「無敵於天下」，而他所謂「仁政」即所謂「王道」，實爲一全套「計劃經濟」。他認爲行「仁政」使國民家給人足，「養生喪死無憾」，喚起官民的「仁義」之心，結果之一，是「未有仁而遺其親者」，「未有義而後其君者」，官民自然會「親其上，死其長」，內部絕無內亂，全國一致對外；而「仁政」本身，更能號召各國，「使天下仕者皆欲立於王之朝，耕者皆欲耕於王之野，商賈皆欲藏於王之市，行旅皆欲出於王之塗」，尤其「天下之欲疾其君者（按：各國革命黨），皆欲赴愬於王」，這一全套「計劃經濟」施行的結果之二，是連外國人都被動員起來了。㈡梁惠王，即魏惠王，名罃。魏原都安邑（今山西），故稱魏惠王；後遷都大梁（今河南開封），又稱梁惠王。㈢叟，老者之稱，老先生。㈣交征，交，互；征，原義為往，此處借作爭趨。㈤萬乘之國，擁有兵車萬輛的國。周初，萬乘指周天子，周末，萬乘指諸侯。㈥千乘之家，家，家族。千乘之家，孟子時指大夫之族。㈦以上各句指篡位。㈧以上各句指侵略，如萬乘之國吞併千乘之國。㈨奪，篡位，侵略。㈩饜，音宴，滿足。⑪仁，指仁官，含士；仁民，含兵。⑫遺，棄。⑬義，指義官，含士；義民，含兵。⑭後其君，指先顧自己，後顧君長。

二

梁惠王曰：「晉國㈠，天下莫強㈡焉，叟之所知也。及寡人㈢之身，東敗於齊㈣，長子㈤死焉；西喪地於秦㈥七百里；南辱於楚㈦：寡人恥之，願比㈧死者一洒㈨之！如之何則可㈩？」

孟子對曰：「地方百里，而可以王⑪。王如施仁政⑫於民：省⑬刑罰；薄稅斂⑭；深耕⑮易耨⑯；壯者⑰以暇日修其孝悌忠信⑱，入以事其父兄，出以事其長上：可使制挺⑲以撻⑳秦楚之堅甲利兵矣㉑！

「彼奪其民時，使不得耕耨以養其父母，父母凍餓，兄弟妻子離散。——彼(廿二)陷溺其民(廿三)；王(廿四)往而征之，夫(廿五)誰與王敵？故曰：『仁者無敵』(廿六)，王請勿疑！」（梁惠王）

要領　總動員的效果：全國一致對外；敵國人民響應我之號召。

註釋　(一)晉國，爲周初封建之國，在今山西。春秋時代（公元前四五三年）分裂爲韓、趙、魏三國。魏原都安邑，後遷大梁，故魏國又稱梁國。梁出於晉，故惠王亦自稱晉國。(二)天下莫強，謂天下沒有比晉國再強大的國。(三)寡人，古君王自謙之稱，謂寡德的人。(四)東敗於齊，齊，齊國，在梁之東。桂陵之役，齊救趙敗魏（梁）；馬陵之役，齊救韓敗魏（梁）。(五)長子，梁惠王的太子，名申。惠王二十八年馬陵之役，被齊所俘而死，大將龐涓亦被殺。(六)西喪地於秦，惠王九年，秦魏戰於少梁；二十八年秦用商鞅破魏，虜公子卬；惠王後元五年，魏割河西之地與秦，被迫遷都於梁。(七)南辱於楚，魏趙內戰時，楚將景舍救趙，取魏睢、濊之地。惠王後元十二年，楚將昭陽敗魏，得八城。(八)比，替代。(九)洒，音審，古洗字，此謂雪恥報仇。(十)此謂「計將安出」。(十一)王，音旺，興旺。(十二)仁政，仁義的政治，下面所說都是仁政。(十三)省，減。(十四)稅斂，稅收。⑮深耕，深鋤土，使苗旺盛，則收穫多。⑯易耨，易，變換土地；耨，音「奴豆」，耘苗。謂今年耘此地，明年換另地，使土地輪流休息。⑰壯者，壯丁。⑱全句謂農暇辦教育訓練。⑲制梃，制，古製字；梃，木棍。⑳撻，古打字。㉑以上指出總動員的對內效果：全國一致對外。㉒彼，指齊秦楚各國。㉓陷溺其民，謂其人民在水深火熱之中。㉔王，指惠王。㉕夫，語助詞。㉖「仁者無敵」，可能係孟子以前的古語。孟子嘗謂「三代之得天下也以仁」（本選「國策」一節），又好舉湯放桀武王伐紂的戰史作例，均明此義。上節指明總動員的對外效果：敵國人民響應我之號召。今日吾人實行「三七五減租」及「耕者有其田」，安定民生，並以號召大陸，卽師孟子的遺教。

三

鄒①與魯②鬨③。穆公④問曰：「吾有司⑤死者三十三人，而民⑥莫之死也。誅之，則不可勝誅；不誅，則疾視⑦其長上之死而不救。如之何則可也？」

孟子對曰：「凶年饑歲，君之民，老弱轉乎溝壑⑧，壯者散而之四方⑨者，幾千人矣。而君之倉廩實⑩，府庫充⑪，有司莫以告：是上慢⑫而殘下⑬也！曾子⑭曰：『戒之！戒之！出乎爾者，反乎爾者也⑮！』夫民今而後得反之⑯也；君無尤⑰焉！

「君行仁政，斯民親其上，死其長矣！」（梁惠王）

要領　不行仁政——不能總動員；且將引起革命。

註釋　㈠鄒，國名，今山東鄒縣。孟子的本國。㈡魯，國名，也在今山東。㈢鬨，戰鬥。㈣穆公，鄒君。㈤有司，文武官吏。㈥民，含兵。㈦疾視，仇視。㈧老弱轉乎溝壑，老弱，老人小孩婦女；轉，輾轉；溝壑，壕溝。全句謂餓死。㈨散而之四方，散，逃亡；之，去；四方，各國。㈩倉廩實，謂屯積糧食。⑪府庫充，謂滿貯錢財。⑫上慢，謂有司上欺君王。⑬殘下，謂有司下害人民。⑭曾子，曾參，孔子弟子。⑮出乎爾，反乎爾，謂自食惡果。此謂以仁政待民，則民「親其上，死其長」；以暴政待民，則民「疾視其長上之死而不救」。⑯夫民今而後得反之，謂以前人民僅只「疾視其長上之死而不救」；今後要造反——革命了。⑰尤，責。

四

梁惠王曰：「寡人㈠之於國也，盡心㈡焉耳矣㈢！河內㈣凶，則移其民於河東㈤，移其粟於河內；河東凶，亦然。察鄰國之政，無如寡人之用心者。鄰國之民不加少，寡人之民不加多㈥，何也？」

孟子對曰：「王好戰㊆，請以戰喩㊇：塡然㊈鼓之，兵刃既接㊉；棄甲曳兵⑪而走⑫，或百步而後止，或五十步而後止。以五十步笑百步⑬，則如何？」

曰：「不可！直⑭不百步耳，是亦走也。」

曰：「王知如此，則無望民之多於鄰國也⑮。」

「不違農時⑯，穀不可勝食⑰也；數罟⑱不入洿池⑲，魚鼈不可勝食也；斧斤以時入山林，材木不可勝用也。——穀與魚鼈不可勝食，材木不可勝用，是使民養生喪死無憾⑳也。養生喪死無憾，王道㉑之始也。

「五畝之宅㉒，樹之以桑，五十者可以衣帛㉓矣；雞豚狗彘之畜，無失其時，七十者可以食肉㉔矣；百畝之田㉕，勿奪其時㉖，數口之家可以無饑矣；謹庠序㉗之敎，申㉘之以孝悌㉙之義，頒白㉚者不負戴於道路㉛矣：七十者衣帛食肉，黎民㉜不饑不寒：然而㉝不王㉞者，未之有也！

「狗彘食人食㉟而不知檢；塗㊱有餓莩㊲而不知發㊳；人死，則曰：『非我也；歲㊴也！』是何異於刺人而殺之，曰：『非我也；兵也！』王無罪歲㊵，斯天下之民至㊶焉。」（梁惠王）

要領　仁政的標的：黎民不饑不寒。

註釋　㊀寡人，古君王自謙之詞，謂無德的人。㊁盡心，費盡心機。㊂焉耳矣，三個虛字，表示十分盡心了。㈣河內，河，今黃河；河以南爲河內。㈤河東，時黃河入淮，河東卽黃河東岸。㈥此兩句見當時人口問題是稀少而不是過剩。㈦好戰，喜好打仗。㈧喩，譬喩。㈨塡然，打鼓聲。古代擊鼓則前進，鳴鑼則退兵，猶今用號音者。㈩兵刃既接，接戰。⑪棄甲曳兵，甲，鎧甲；兵，兵器。⑫走，敗走。⑬五十步笑百步，謂後退五十步者譏笑後退百步者爲不勇。⑭直，僅止，只是。⑮兩句是說：梁與鄰國，都不行仁政，雖梁較盡心，仍是失敗。⑯不違農時，謂農民田忙時，不徵發其服勞役。⑰勝食，吃不吃勝，言穀之多。⑱數罟，數音促，細密；罟，音古，網。⑲洿池，洿，音汙，深。洿池，深池。⑳養生喪死無憾，養，奉養；生，生活；喪，治喪；死，老者之死；憾，音漢，古恨字。㉑王道，帝王之道，指仁政。孔孟之學，稱爲「聖功王道」，亦謂「內聖外王」，是說內心修養，進入聖域；治國之道，可王天下。㉒五畝之宅，謂一家院落佔地五畝。㉓帛，紬。謂家家植桑，養蠶，織紬，五十歲者有紬可穿。㉔食肉三句，謂家家養牲口，七十歲者有肉可吃。㉕百畝之田，周初，一夫受田百畝。㉖勿奪其時，卽不違農時。㉗庠序，庠，音祥。殷朝學校名序；周朝學校名庠；夏朝學校名校。校、序、庠讀音雖不同，都是由學字轉來。㊱申，說，誠。㊲孝悌，孝，愛親；悌，音涕，愛兄弟。㊳頒白，頒，古斑字。頒白，髮半白的老者。㊴不負戴於道路，謂老者不必爲生活而奔走。㊵黎民，黎，黑黎。黑黎由夏語 Hara 錄音而來。Ha 爲黑，ra 爲黎。黎民，老百姓。㊶然而，然，這樣，如此；而，而且。㊷王，音旺。謂復興。此全段皆爲王道政治。我們看孟子王道的要領，是先解決民生問題，然後再講道德說仁義，不是說空話，乃是眞辦法。㊸狗彘食人食，指統治階層貪污浪費。㊹塗，道路上。㊺餓莩，莩音漂。餓死的人。㊻發，發倉賑災。㊼歲，年頭不好。㊽王無罪歲，罪，責備。謂王不可歸罪於年頭不好；應力行仁政。㊾天下之民至，謂把各國的人民都號召動員來了。

五

齊宣王①問……曰：「德②何如則可以王③矣？」

曰：「保民④而王，莫之能禦⑤也！」

曰：「若寡人⑥者可以保民乎哉？」

曰：「可！今王發政⑦施仁⑧：使天下⑨仕⑩者皆欲立於王之朝⑪；耕者皆欲耕於王之野⑫；商賈皆欲藏於王之市；行旅皆欲出於王之塗⑬；天下之欲疾其君⑭者皆欲赴

愬⑮於王⑯：其若是孰⑰能禦之⑱？」

王曰：「吾惛⑲，不能進於是⑳矣！願夫子㉑輔㉒吾志，明㉓以教我。我雖不敏㉔，請嘗試㉕之。」

曰：「無恆產㉖而有恆心㉗者，惟士為能㉘。——若民㉙，則無恆產，因無恆心。苟無恆心，放辟邪侈㉚無不為已。及陷於罪㉛，然後從而刑㉜之：是罔民㉝也！焉㉞有仁人在位，罔民而可為也？

「是故明君制民之產㉟，必使仰㊱足以事父母，俯㊲足以畜㊳妻子，樂歲㊴終身飽，凶年㊵免於死亡；然後驅㊶而之㊷善：故民之從之也輕㊸。——今也制民之產，仰不足以事父母，俯不足以畜妻子，樂歲終身苦．凶年不免於死亡：此惟㊹救死而恐㊺不贍㊻，奚㊼暇治禮義哉？

「王欲行之㊽，則㊾盍㊿反其本矣？——五畝之宅，樹之以桑，五十者可以衣帛矣；雞豚狗彘之畜，無失其時，七十者可以食肉矣；百畝之田，勿奪其時，八口之家，可以無饑矣；謹庠序之教，申之以孝悌之義，頒白者不負戴於道路矣：老者衣帛食肉，黎民不饑不寒，然而不王者，未之有也(51)。」（梁惠王）

要領　孟子仁政的基本理論：「無恒產無恒心。」

註釋　①齊宣王，齊國的王，名辟彊。孟子見王在周慎靚王二年（公元前三一九）。㈡德，古義爲族，族以合群爲共守的道德，故後來德字變爲道德之義。㈢王，稱帝稱王之王，謂統治天下。㈣保民，保護人民。㈤莫之能禦，莫，沒有；之，指保民而王；禦，抵抗。謂沒有任何國家能抵抗保民而王者。㈥寡人，君王自謙之詞，無德之人。㈦發政，頒發政令。㈧施仁，實行仁政。㈨天下，指各國。㈩仕，文官武官。⑪朝，朝廷。⑫野，田。⑬塗，道路。⑭疾其君，疾，痛恨。指反對本國君王者，卽革命家。⑮愬，古訴字，控訴。⑯王，此指宣王。⑰孰，古誰字。⑱這一段是說如行保民的仁政，可以動員外國的士、農、工、商，投奔我國，以增加人口及財力；並可領導外國的革命。⑲惛，昏庸。⑳不能進於是，謂不能設計得比這些道理辦法更進一步。㉑夫子，宣王呼孟子。㉒輔，助。㉓明，明白地。㉔敏，聰明。㉕嘗試，嘗，嚐；試，試驗。此謂試驗着辦。㉖恆產，恆，永久；產，產業。此指當時井田制度和重祿制度，均已敗壞，人人均無永久的產業。㉗恆心，永恆的心，指道德節操而言。㉘惟士爲能，士，下級貴族。此類貴族或任下級文武官吏，或從事讀書，或經營工商，尚未十分受到生活打擊，故孟子認爲士雖無恆產，還有恆心。例如鄒與魯鬨，魯國士官三十三人戰死（本章三節），卽無恆產而有恆心之證。孔孟和其門徒都是無恆產的人，却能有內聖外王的恆心，以天下為己任。(29)民，人民，含兵。(30)放辟邪侈，放辟，放肆；邪侈，作惡。(31)陷於罪，犯了罪。(32)刑，刑法。(33)罔民，罔，古網字。謂將人民看作禽獸，一網打盡。(34)焉，音煙，豈，那里。(35)制民之產，制定法令給民產業。(36)仰，往上。(37)俯，往下。(38)畜，養活。(39)樂歲，豐收的年頭。(40)凶年，災荒的年頭。(41)驅，驅使。(42)之，走，赴。(43)輕，輕易。(44)惟，僅。(45)恐，怕。(46)贍，足。(47)奚，何。(48)之，這個。(49)則，即。(50)盍，何不。(51)反其本，反，返；本，周朝的基本制度。(52)這段文字，和本章四節相同。

六

齊宣王見孟子於雪宮(一)。王曰：「賢者亦有此樂乎？」

孟子對曰：「有！——人(二)不得，則非(三)其上(四)矣！不得而非其上者，非(五)也；為民上而不與民同樂者，亦非(六)也。樂民之樂(七)者，民亦樂其樂(八)；憂民之憂(九)者，民亦憂其憂(十)。樂以天下，憂以天下：然(十一)而不王者，未之有也。

「——昔者，齊景公(十二)問於晏子(十三)曰：『吾欲觀(十四)於轉附(十五)、朝儛(十六)，遵(十七)海而南，放(十八)於琅邪(十九)。吾何修(二十)而可比於先王(廿一)觀也？』晏子對曰：『善哉！問也！天子適

㉒諸侯，曰巡㉓狩。巡狩者，巡所守㉔也。諸侯朝㉕於天子，曰述㉖職。述職者，述所職㉗也。無非事者㉘：春省耕而補不足㉙；秋省斂而助不給㉚。夏諺㉛曰：吾王不遊，吾何以休㉜？吾王不豫㉝，吾何以助㉞？一遊一豫，爲諸侯度㉟。今也不然㊱：師行而糧食㊲，飢者弗食，勞者弗息㊳，睊睊㊴胥讒㊵，民乃作慝㊶。方命㊷虐民，飲食若流㊸，流連荒亡㊹，爲諸侯憂㊺。從流下而忘反㊻謂之流；從流上而忘反謂之連；從獸無厭謂之荒；樂酒無厭謂之亡㊼。先王無流連之樂，荒亡之行。惟㊽君所行也。』

「景公說㊾。大戒㊿於國，出舍(五一)於郊(五二)，於是始興發(五三)，補不足。召(五四)太師(一)曰：『爲我作君臣相說之樂！』蓋徵招、角招(二)是也，其詩曰：『畜君何尤(五五)？』『畜君』者，好(三)君也！」」（梁惠王）

要領　孟子仁政的基本理論——「樂以天下，憂以天下。」

註釋　㊀雪宮，齊國離宮名。㊁人，指下級文武官吏及人民。㊂非，古誹字，音匪，誹謗。㊃上，上級。此指君王。㊄非，不應該。㊅非，不應該。㊆樂民之樂，謂人民引以爲樂的事，君王先爲做之。人民所樂者「春耕補不足」，「秋斂助不給」；君王先爲之。㊇民亦樂其樂，謂君王引以爲樂的事，人民也樂於參加。君王所樂者，如遊雪宮，及上文所見「制梃以撻秦楚之堅甲利兵」，「親其上，死其長」之類；人民亦必踴躍爲之。(九)憂民之憂，謂人民引以為憂之事，君王先做之。人民所憂者「餓者弗食」，「勞者弗息」；君王先免之。(十)民亦憂其憂，謂君王引以為憂的事，人民也為君王分憂。君王所憂者，如梁惠王憂人口不足及子仇未雪，魯穆公憂人民不死國難，齊宣王憂不能稱王之類；人民也必忠勇以赴之。(十一)然，如此。指「樂以天下，憂以天下」說。(十二)齊景公，名杵臼。(十三)晏子，名嬰，字平仲，齊景公時的良相，孔子很稱贊他。(十四)觀，遊覽。(十五)轉附，今山東之罘島。(十六)朝儛，今山東成山頭。(十七)遵，循。(十八)放，至。(十九)琅邪，今山東琅琊臺。(二十)修，治。(二一)先王，景公以前的齊王。(二二)適，往。(二三)巡，往察。(二四)守，職守，業務。(二五)朝，音潮，朝見。(二六)述，陳述。(二七)職，職守，業務。(二八)無非事者，無非，不過；事者，幹的。此四字貫下文「春省」「秋省」兩事。(二九)春省耕而補不足，謂天子春天巡狩是考察耕地的是否足用而補行授田。(三十)秋省斂而助不給，謂天子秋天巡守是考察賦稅是否合理而資助不足。(三一)夏諺，夏，夏朝；諺，民謠。(三二)休，古庥字，得福。(三三)豫，古遊字。(三四)助，得助。(三五)度，法度。以上六句，當是夏諺的譯文。(三六)今也不然，晏子接着說：現在不是那樣了。(三七)師行而糧食，師，天子所帶的兵；行，行進；糧，民糧；食，吃。謂天兵就地徵糧，將人民存糧吃光，老百姓因之挨餓。(38)勞者弗息，勞者，人民服勞役者；弗，不。謂天子到處，人民被徵服勞役，不能休息。(39)睊睊，側目而視，既怕又恨。(40)胥讒，胥，相；讒，罵，謂怨聲載道。(41)慝，音態，奸慝，作亂。(42)方命，方，古背字；命，先王的誡命。謂此種巡狩，乃違背先王的誡命。(43)飲食若流，謂地方供應御膳軍需，如流水不息。(44)流連荒亡，晏子有解見下文。(45)爲諸侯憂，謂天子巡狩，不單虐民，並爲諸侯添憂。自「師行」至「爲諸侯憂」，當也是古諺，爲晏子所誦習者。(46)反，古返字。(47)以上四句，晏子爲景公解釋上引「流連荒亡」四字。(48)惟，古維字，望，想。自「善哉」至「惟君所行也」，都是晏子對景公所說的話。(49)說，古悅字。(50)戒，齋戒。(51)出舍，出宮，外宿。(52)郊，郊野。(53)始興發，始，開始；興，做；發，發倉放賑。謂起始做開倉放賑的事。(54)召，古招字。(55)太師，樂官。(56)徵招、角招，兩樂章名。徵，音紙。(57)「畜君何尤？」係兩樂章中的一句，畜，奉養，今謂擁護；君，君王；何，有什麼；尤，過，毛病。謂「擁護君王有什毛病？」意爲大有好處。孟子引此句詩，證明「憂民之憂者，民亦憂其憂」。(58)好，音耗，愛。謂君臣得到人民的敬愛與擁護。果如此，可以說把軍民從心上動員起來。

七

孟子曰：「仁之勝不仁㈠也，猶㈡水勝火。

「今之爲仁者，猶以一杯水救一車薪之火也，不熄，則謂之水不勝火：此又與㈢於不仁之甚者也！亦終必亡而已矣！」（告子）

要領　行仁政而仍不能作到總動員，因其仁政尚未够分量。

註釋　㈠仁之勝不仁，謂仁君必能戰勝暴君。㈡猶，古如字，像。㈢與，列入。

第三章　心理作戰㈠

一

孟子曰：「天時㈡不如地利㈢；地利不如人和㈣。

「三里之城㈤，七里之郭㈥，環而攻之而不勝。夫環而攻之，必有得天時者矣；然而不勝者，是天時不如地利也。

「城非不高也，池㈦非不深也，兵革㈧非不堅利也，米粟非不多也；委㈨而去之，是地利不如人和也。

「故曰：『域民(十)不以封疆之界(十一)，固(十二)國不以山谿之險，威(十三)天下不以兵革之利(十四)。』得道(十五)者多助，失道者寡助(十六)。寡助之至，親戚畔(十七)之；多助之至，天下順(十八)之。以天下之所順，攻親戚之所畔：故君子有不戰，戰必勝矣(十九)！」（公孫丑）

要領　「以天下之所順，攻親戚之所畔。」

註釋　(一)第一次世界大戰時，英國北岩爵士指揮對德宣傳，用傳單、小冊、報紙作工具，宣傳德國爲軍國主義，政治不民主，以瓦解德軍的士氣；並擴大報導德軍姦殺搶掠放火的暴行，以爭取美國的借款和參戰：戰史家指此爲宣傳戰。同時，德皇威廉在美國開設銀行，派孔聊白僞裝社會主義者，以同情姿態，供給俄國革命黨金錢軍火；德軍參謀長魯登道夫也派參謀，僞稱同情列寧革命，用秘密火車，潛送列寧返俄，推翻克倫斯基政權。列寧執政後，對德和議，德國東方的危機，因而解除。戰史家指這兩事爲德國的謀略戰；實際上這也是心理戰，卽德國利用俄國人的革命心理，扶置其革命黨，在國內暴動，以根本瓦解俄國的政治與軍事，使之不能對德作戰。第二次世界大戰時，美軍正式成立「心戰組」，以宣傳謀略爲手段，從事瓦解德軍的士氣，分化德國的團結，頗著功效。近十餘年來，心理作戰業已列入戰術甚至戰略的範圍。而俄帝自一九二四年以後，利用各國的階級心理和民族心理，展開心理作戰，宣傳「共產主義」，倡導「世界革命」和「殖民地獨立運動」，付出大量的金錢軍火，編組「共產黨」，以顚覆各國的政府，扶置向俄「一面倒」的僞政府僞國家，就戰史的立場看，這是俄帝戰略性的心理作戰。而日本軍閥實爲近代英德俄美心理作戰的前輩。他們早於六七十年前，便以「大東亞共存共榮」爲宣傳，分化朝鮮與中國的關係，援助朝鮮「獨立」，並鼓動滿蒙囘藏脫離中國。至「九一八」後，宣傳「王道主義」以導演僞「滿洲國」，鼓吹「民族主義」以扶置僞「蒙古國」和僞「西藏國」。第二次世界大戰中，他們更唱出「大東亞共榮圈」，導演印度的鮑斯、菲律賓的劉勒爾等，製造印度、緬甸、泰國種種僞政權。就戰史觀點看，這都是戰略性的心理作戰。註者以爲：近代實施戰略性心理作戰，日本最早，俄帝次之，英德美殆瞠乎其後。考證日本何以早在六七十年前便精通心理作戰？實因日人熟讀中國戰史和孫子十三篇「全國」「全軍」「用間」的戰術；並活用孟子以「王道」「仁政」動員隣國人民，使之「仰」日閥「若父母」，「赴愬於」日的要領而已。證據便是日閥在僞「滿洲國」用「王道主義」，在僞「蒙古國」用「民族主義」，純爲中國戰史中武王克殷「計劃作戰」的一套（參看「孔子治兵語錄」作戰章第三節註㈩武王克殷戰史）。日閥在軍事思想上，確是主觀地想這樣作爲；只是客觀上，時代不同（二十世紀），民族不同（殷周時無民族問題），日本國策爲侵略，日軍行爲太禽獸，以致他們搞不好而已。註者這個講評，想來日人也會同意的。今天我們第三任務是反共抗俄，收復大陸。毛澤東在政治上說是暴君，是桀紂，在國族上說是漢奸，是溥儀汪精衞。大陸同胞百分之九十九點九「南望王師」，如「大旱之望雲霓」。我們的客觀反攻條件「失道者（毛匪）寡助」是十分成熟；現在只看我們的主觀條件和軍事佈置了。如果我們作到「得道者多助」並能佈置「攻親戚之所畔」「赴愬於王」的軍事，則反攻勝利是毫無問題的。因此，我們要熟讀孟子有關心理作戰（戰略性的）的遺教，尤其要貫通孔孟兵學，妥善準備主觀條件。㈡天時，天象的種種條件如時間、氣候、風雨等。舊解爲「時日干支孤虛王相」，不確。㈢地利，地形、裝備、後勤等。㈣人和，上下一心，敵我一心。詳見本節正文。㈤城，築城，工事。㈥郭，外城，夏語謂之「昆侖」，周語謂之「郭落」，今蒙語謂之「庫倫」。㈦池，護城河。古代築城，城外圍之以河，城門外河上設弔橋，如今之外壕。(八)兵革，兵，武器；革，皮制鎧甲。(九)委，棄。(十)域民，域，古字字，音字，此處作動詞用，指統治和號召。民，人民含士兵。(十一)封，疆封，用土築城，植之以樹，古謂爲封；疆，界。域民不以封疆之界全句，謂古代君王所統治的人民，不只指住在城郭以內有戶籍的人民；就是號召隣國的人民移來本國，也未爲不可。(十二)固，固守。(十三)威，服。全句爲古代基本軍事思想。如湯之東征西怨，南征北怨（本選戰史章第六節），都謂爭取國外人民的心理，使之傾心於我，「襁負而至」（論語）。孔子所謂「我戰則克」，本節所謂「君子有不戰，戰必勝」，皆謂以心理作戰克敵，亦卽「不戰而屈人之兵」（孫子）。(十四)上三句，皆孟子引古人之言，詳註見(十九)。(十五)得道，道卽王道，也卽仁政。得道謂以仁政號召天下。(十六)失道者寡助，失道謂不行王道，不行仁政；寡助謂除幹部黨羽外，無人心服相助。毛匪澤東公開說自己「不行仁政」，殺人、放火「清算」、「鬥爭」、「三反」、「五反」、「公私合營」、「農村合作」，大陸人民確已不助毛匪，並盼我們反攻。這兩句是孟子所創心理作戰中「知己知彼」的要領。(十七)畔，古叛字。(十八)順，歸順，降順。(十九)這一大段，孟子先介紹古語三句，首句說明古代人民在法律上沒有國籍界限，在政治上可以選擇自由，故施行仁政，不但可以團結本國人民，親上死長；更可以號召外國人民，踴躍來歸。次句說明，城高池深，山險谿峻，兵利革堅，米多粟足，都非防守的絕對條件；防者如施行暴政，殘民以逞，自有親戚叛變，如微子奔周，士兵倒戈，如牧野不戰，「簞食壺漿，以迎王師」（見「戰史」三節），「委而去之」的史證。第三句說明威服天下，不恃兵戈，因爲「以力服人者，非心服也，力不贍也；以德服人者，中心悅而誠服也」（孟子公孫丑篇）。在引古語作證後，孟子便綜合三代興亡，春秋戰史，得出「得道者多助，失道者寡助」兩條定理，並制定「寡助之至，親戚畔之；多助之至，天下順之」四句知彼知己判讀規律，然後寫出心理作戰最高要領：「以天下之所順，攻親戚之所畔」，結論則爲「君子有不戰，戰必勝矣！」孟子這篇大兵書，較之孫子純用「間諜」，在敵國製造「上兵」，以達成「伐謀」「伐交」「全國」「全軍」，孟云「不戰」，孫云「不戰而屈人之兵」，兩人戰果相同；但孟子終是儒將風格，孫子終是兵家面目：一爲王道，一爲霸道，一爲平天下，一爲打天下，一爲商湯王周武王，一爲史太林希特勒，一爲戰略的心理作戰，一爲戰術的心理作戰，在兵學上截然分爲大巫小巫，自然人爲兩個定型。我們今天反共抗俄的戰爭，在戰略上必須採用孟子式的心理作戰，以爭取大陸的全部人心；在戰術上也必須使用孫子式的心理作戰，以策反毛匪的一般幹部。

二

孟子曰：「……詩㈠云：『商㈡之子孫，其麗㈢不億㈣。上帝既命㈤，侯于周服㈥。侯服于周，天命靡常㈦：殷士膚敏㈧，祼將于京㈨。』孔子曰：『仁，不可爲衆也㈩。』

「夫⑪國君好仁，天下無敵。今也欲無敵於天下而不以仁，是猶⑫執熱⑬而不以濯⑭也！詩云：『誰能執熱，逝⑮不以濯⑯？』」（離婁）

要領 「國君好仁，天下無敵。」

註釋 ㈠詩，詩經。下面引詩，出於大雅文王。㈡商，商朝。㈢麗，數麗。數，詩曰麗，舊註不知其故，現經考定：數麗係夏語 Sqljir 經用殷周字寫爲數麗奇，數、麗均是數；奇則表示單數。㈣不，不止；億，十萬。㈤上帝既命，謂上帝已經下了命令，令周文王代商紂王作天子。㈥侯于周服，侯，古維字，卽唯；于，古於字；周，周朝；服，古音逼，臣服。謂上帝已經下了命令，商人唯有臣服周朝。㈦天命靡常謂，上帝的命令不一定永久令紂王作天子。這四句詩，是當時的宗敎思想；但也是一種心理作戰。在戰史上，心理作戰共用六種工具，一、婚姻；二、爵祿；三、百金；四、宗敎；五、敎育；六、主義。這四句詩所表徵的是宗敎性的心理作戰。⑧殷士膚敏，殷，卽商，先都於商，後都於殷，故有兩名，如魏卽梁然（見「總動員」二節註一）；士，戰士；膚，皮膚；敏古音武，脚。⑨裸將于京，裸古本作祼，舊註：以酒獻尸，尸受酒灌於地，以迎神，玆不從，校爲裸，音果，露體；將，原義卽嫁，此借爲携帶，俘虜；京，京城。「殷士膚敏，裸將于京」謂殷兵被俘來京，赤膊赤脚。下文有「厥作裸將，常服黼冔」，謂周人優待俘虜，又許他們穿商服戴商帽；又，尸均由覡巫爲之，不用異族，均可證拙註爲確。⑩孔子讀上引這幾句詩以後，說：「仁，不可爲衆也」一句話，謂商朝子孫雖不止十萬，遇到「仁」，便倒戈投降，歸順周朝，作了俘虜。⑪夫，按查；或云起語詞。⑫猶，像。⑬執熱，執，拿；熱，熱物。⑭濯，音卓，用冷水沾手。⑮逝，舊不知解，今以爲就是走。全句謂誰能在檢新出屜的熱饅頭，不趕快走去用手沾點冷水？⑯全段是說：按詩句和孔子的話查看起來：國君好行仁政，天下無敵。現在呀，想無敵於天下而不行仁政，這就像檢熱饅頭，不用手沾些冷水：熱饅頭檢不到手，還把手燙壞了。有詩爲證：「誰能執熱，逝不以濯？」孔子看出仁政可以瓦解人衆的商紂王，孟子力主仁者無敵，就兵學的立場看，這仁政不是心理作戰又是什麼？

三

孟子曰：「有人曰：『我善爲陳㊀，我善爲戰㊁。』大罪也㊂。「國君好仁，天下無敵焉㊃。南面而征，北狄㊄怨；東面而征，西夷㊅怨，曰：『奚㊆爲後我？』——武王之伐殷㊇也，革車三百兩㊈，虎賁㊉三千人，王⑪曰：『無畏！寧爾也！非敵百姓也⑫！』若崩厥角稽首⑬。征之爲言，正也。各欲正己也，焉用戰？」（盡心）

要領　「不戰而勝」的戰史。

註釋　㊀陳，古陣字，守勢。㊁戰，戰爭。㊂大罪，謂作戰則殺人，應犯大罪；必須「君子有不戰，戰必勝」，才算救人而無罪。俗儒看孟子指斥善陳善戰者有大罪，又云：「善戰者服上刑」（見「國策」四節註十四）便以爲孟子反對一切戰爭，實不懂孟子僅反對侵略戰，絕不反對守國戰和救民戰，而稱之爲「義戰」。㊃註見上節㊅。㊄北狄，北方人。此族自稱「達拉特」，義為「七族」，為「匈奴」的一部。打獵，使犬，拜火，以羽毛為飾，故周初錄音為「狄」，又錄音為「翟」，周末錄音為「代」，代人之意，趙襄子逐之北遷，佔其南部地今晉北一帶。趙人又名之為「襜襤」。漢初名之為「丁零」。以後或名「鐵勒」，或名「韃靼」。㈥西夷，西方人。商朝時西夷，即後之周朝人。夷，古人字，用矢繳的人。孟子說：「文王，西夷之人也」（離婁）。㈦奚，古何字。㈧見孔子治兵語錄「作戰」章第三節註㈩。㈨革車三百兩，革車，裝有皮甲的戰車；兩，古輛字。本大系司馬法曰：「革車一乘，士十人，徒二十人。」㈩虎賁，戰士。(十一)王，武王。(十二)「無畏！寧爾也！非敵百姓也！」無畏，不要害怕；寧爾，安撫你們；非敵百姓，不把百姓當作敵人。此為武王伐紂時的宣傳口號，也就是心理作戰。(十三)若崩厥角稽首，若崩，像山崩一樣的聲音；厥，頓；角，首；稽首，磕頭至地。謂商人聽到武王來，下跪磕頭，聲如山崩。

四

孟子曰：「桀、紂㈠之失天下㈡也，失其民㈢也。失其民者，失其心㈣也。

「得天下㈤有道㈥：得其民，斯得天下矣。得其民有道：得其心，斯得民矣。得其心有道：所欲，與之，聚之㊆；所惡，勿施㊇爾也㊈。

「民之歸仁㊉也，猶(十一)水之就下，獸之走壙(十二)也。故爲淵敺魚(十三)者，獺(十四)也；爲叢(十五)敺爵(十六)者，鸇(十七)也；爲湯、武(十八)敺民者，桀與紂也。今天下之君有好仁(十九)者，則諸侯皆爲之敺(二十)矣。雖欲無王，不可得已。今之欲王者，猶七年之病(廿一)，求三年之艾(廿二)也。苟爲(廿三)不畜(廿四)，終身不得(廿五)。苟不志於仁，終身憂辱，以陷於死亡。詩(廿六)云：『其(廿七)何能淑(廿八)？載(廿九)胥(卅)及(卅一)溺(卅二)。』此之謂也(卅三)。」（離婁）

要領　心理作戰的戰法：「所欲，與之；所惡，勿施。」

註釋　㊀桀紂，桀，夏桀王；紂，商紂王。㊁失天下，亡國。㊂失其民，民，人民含士兵。失去人民。㊃失其心，心，民心，士氣。人心叛變，士氣瓦解。㊄得天下，革命得政權，反攻討叛逆。㊅道，道路，道理。㊆所欲，與之，聚之，欲，民心之所欲；與之，給他；聚之，爲民積聚。㊇所惡，勿施，惡音物，討厭的事；勿施，不要做。㊈爾也，爾，古耳字，而已；也，古呀字。㊉民之歸仁，人民的歸附仁政。(十一)猶，古由字，如同。(十二)壙，古曠字，荒野。(十三)爲淵敺魚，爲，音渭，替代；淵，音宛，深池；敺，音區，古驅字。(十四)獺，音塔，水獸。(十五)叢，音蟲，小樹林。(十六)爵，音狡，古雀字。(十七)鸇，音占，鷹。(十八)湯、武，湯，商湯王；

武，周武王。⑲好仁，好，音耗；好仁，喜好施行仁政。⑳諸侯皆爲之歐，諸侯，各國之君；皆，全；爲之歐，替行仁政的君王歐民。兩句是說：「現今天下如有喜好施行仁政的君王，則各國不行仁政的君王都爲他驅來人民。」謂人民爲避暴政，都來投奔仁政，像今天鐵幕各國人民，包括大陸人民，奔向自由一樣。由此可知孟子正用行仁政來作心理戰。㉑七年之病，病了七年。㉒三年之艾，艾，音愛，草名。三年之艾，謂陳年之艾，可以炙病。㉓苟爲，苟，音狗，假定；爲，音維，作爲。㉔畜，古蓄字，儲蓄。㉕以上五句，是說：「七年的重病，要找來三年的陳艾，才可以針炙，使病痊癒。假使不從今天起，用三年工夫，培養陳艾，則永遠無艾，不得治好。」意指仁政須三年才見功效，如認爲迂緩不能濟急，而不施行，則永遠不必想得天下了。㉖詩，此詩見大雅桑柔篇。㉗其，他。㉘淑，善，好。㉙載，古則字。㉚胥，音粟，相。㉛及，到。㉜溺，音逆，跌入水中。㉝孟子這篇文字，首舉古時商伐夏周伐商的戰史爲例，作出「失天下者，因失民心；得天下者，因得民心」的定理；次作出「得民心的方法：所欲，與之；所惡，勿施」的要領。以東北淪陷歷史來看，孟子的話，今天太有價值了。三十四年抗日勝利的時候，東北淪陷區人民歡迎我們，簞食壺漿喜極落淚，這是我們親眼看到的。就是孟子所說「所欲，與之」，因為我們把人民從敵偽的手中拯救出來，「得民心」了。三十七年，東北淪陷，人民痛恨我們，連一碗也討不出來，許多官兵被人民捕獲送交匪軍了，這也是我們親身經驗，也就是自己嚐到孟子所說「失民心」的惡果了。我們當年怎樣失去了東北的民心？因為我們在東北所幹的事，正是人民所憎惡的事。人民所惡的事是「刼搜」；我們便「刼搜」。人民所惡的事是「擾民」；我們便「擾民」。我們應該懺悔，我們應該痛哭！再以反攻大陸後情況推之：我們一朝登陸，大陸人民的歡迎我們，會比當年更為熱烈，我們「得民心」乃是鐵定的事了，我們必須擴大這種「戰果」，千萬要以當年東北的失敗為戒。如果再「刼搜」，再「擾民」，再「失民心」，那麽我們便該萬刼不得人身了！毛匪澤東暴過桀紂，奸過溥汪，已把「民」給我們「敺」來了；我們還該再把「民」給他「敺」回去麽？但，這不是「良心」問題，而是「風紀」問題；不只是「風紀」問題，也是「法制」（法律與制度）問題。上級文武機關怎樣設計全套「法制」？中級文武機關怎樣妥善執行「法制」？下級文武人員怎樣拿出「良心」，維持「風紀」？必須反攻之前先作規定，反攻之後切實力行。

五

孟子見梁襄王㈠。出，語人曰：「望之，不似人君；就㈡之，而不見所畏焉；卒然㈢問曰：『天下惡乎㈣定㈤？』

「吾對曰：『定于一㈥！』

「『孰㈦能一之？』

「對曰：『不嗜㈧殺人者能一之！』

「『孰能與㈨之？』

「對曰：『天下莫不與也！──王知夫苗乎？七八月之間旱，則苗槁㈩矣。天油然⑪作雲，沛然⑫下雨，則苗浡然興⑬之矣。其如是，孰能禦之？今夫⑭天下之人牧⑮，未有不嗜殺人者也。如⑯有不嗜殺人者，則天下之民皆引領⑰而望之矣。誠⑱如是也，民歸⑲之，由水之就下，沛然誰能禦⑳之㉑？』」（梁襄王）

要領　戒殺。

註釋　㈠梁襄王，惠王之子，名赫。㈡就，古卽字，近。㈢卒然，卒，古猝字，音促，倉猝，造次；然，尾音。倉猝、造次、卒然，一個夏語的三種寫法，這個夏語音「猝勒猝干」，猝勒寫爲猝然或卒然；猝猝寫爲倉猝或造次。㊃惡乎，惡，音物，古何字。惡乎今謂怎樣呢。㊄定，平定。㊅一，統一。㊆孰，古誰字。㊇嗜，嗜好。㊈與，贊成。㊉槁，音搞，枯。(十一)油然，悠然。(十二)沛然，沛，古霈字；原語爲雨，借爲充份。(十三)浡然與，浡，音脖，硬；與；音姓，起。(十四)今夫，今按。(十五)人牧，人，人民；牧，音木，牧牛牧馬之牧。人牧，統治者。(十六)如，古若字。(十七)引領，引，伸；領，頸。引領而望，伸着頭盼望。(十八)誠，實在。(十九)歸，歸附，歸順。(二十)禦，防止。(廿一)全篇大意爲不可殺人。戰時，不殺人，也是重要的心理作戰。毛匪今天失去大陸民心，正因爲他殺人二千萬。將來我們反攻大陸，除重要匪首外，一個不殺，則大小匪幹必沛然來歸。

六

孟子曰：「尊㊀賢㊁使㊂能㊃，俊傑㊄在位㊅，則天下之士㊆，皆悅㊇而願立於其㊈朝㊉矣；市(十一)，廛而不征(十二)，法而不廛(十三)，則天下之商，皆悅而願藏於其市矣；關(十四)，譏(十五)而不征，則天下之旅(十六)，皆悅而願出於其路矣；耕者，助(十七)而不稅，則天下之農，皆悅而願耕於其野矣；廛，無夫里之布(十八)，則天下之民，皆悅而願爲之氓矣。——信(十九)能行此五者，則鄰國之民，仰之若父母矣。率其子弟，攻其父母，自生民以來，未有能濟者也。如此，則無敵於天下。無敵於天下者，天吏(二十)也。然而不王者，未之有也(廿一)。

」（公孫丑）

要領　無敵的戰略：戰略性的心理作戰。

註釋　㈠尊，尊重，尊敬，任用。㈡賢，有德有能的人。㈢使，任用。㈣能，能力，才能。㈤俊傑，俊，英俊，材過千人；傑，豪傑，材過萬人。㈥位，職位。㈦士，文士，武士。㈧悅，心裡喜歡。㈨其，他的。㈩朝，朝廷，政府，軍隊。以上各句為用賢才。⑪市，市場。⑫廛而不征，廛，音纏，市房，此謂收房捐；征，徵收，此謂收貨物稅。全句說：「收房租，不收貨物稅」。⑬法而不廛，法，市官收貨稅之法；廛，房租。全句說：「收貨稅，不收房捐。」⑭關，關卡。⑮譏，古稽字，稽查，伺察。⑯旅，行商。⑰助，周朝初年行井田制，井九百畝，八家各受百畝，同養公田百畝。藉民力耕公田，不另收田稅，謂之助。⑱夫里之布，夫布，里布。布，古幣字，錢幣。夫布，農、工、商人因業不能為政府服公役者，應納一定的錢幣交政府代雇他人。里布，鄉里不生產之地如花園等，應納一定的錢幣，以限制浪費。⑲信，誠然。⑳天吏，上帝樣子的好君王。㉑孟子時代，稅繁額重；故他力主輕稅，並行井田，以改善本國民生，並號召鄰國人民。其法如行，就政治說是仁政，就人民說是實惠；而就軍事說正是政略性的心理作戰。如有某一國實行孟子全套仁政，則「鄰國之民，仰之（行仁政之君）若父母」，必紛紛奔向自由；若「往而征之」，鄰國暴君「率其（行仁政之君）子弟，攻其父母」，也必發生前途倒戈的現象，正是他所謂「君子有不戰，戰必勝矣」（見本章第一節）。一九二四年以後，俄帝正用此種心理戰法，征服世界。他們實在是把「共產主義」當作心理戰的工具來使用，將它說成「仁政」，將俄國說成「天國」，以號召世界不明俄國眞象的愚人。毛澤東也正用此種心理戰法，征服了大陸！現在紙老虎戳穿，俄國人自己已不信史赫的謊言，大陸人民更不信毛周的騙局，他們假藉「共產主義」打心理戰固然註定是失敗了；但當時假「仁政」不也哄得許多人「仰之若父母」而「一面倒」了麼？如果自由世界乘俄國的假「仁政」行將根本垮台的時機，我們認眞施行仁政，自己人民固然得到實惠，內部安定，自無問題；更可發生反共抗俄心理作戰的效用，號召已對俄匪絕望的人民，奔向自由乃至爆發革命。一旦國軍登陸，大陸人民本已「仰」我們「若父母」，毛匪還能「率」我們的「子弟」攻擊我們麼？

第四章　士　德

一

王子墊㊀問曰：「士㊁何事？」

孟子曰：「尚志㊂！」

曰：「何謂『尚志』？」

曰：「仁義㊃而已矣㊄！殺一無罪，非仁也；非其有而取之，非義也。居㊅，惡在㊆？仁是也！路，惡在？義是也。居仁由義，大人㊇之事備矣！」（盡心）

要領　尚志。

註釋　㊀王子墊，齊王之子，名墊。㊁士，周初，士指低級貴族帶兵作射手者而言，如今之尉官士官。其後，士有從事工商者。孔子時，士有讀書者，士始成讀書人的通名；但仍文武合一。孟子時，士已成爲社會裡的特殊階層，上等者內聖外王，次等者縱橫遊俠，下等者雞鳴狗盜，皆以干祿爲生。㊂尚志，尚，崇尚；志，志氣。此謂上等之士，高尚其志。㊃仁義，仁，愛，愛道，愛人，愛親，愛族，愛國，愛長上，愛名節；義，合理之事。㊄而已矣，而已，即耳字，如今之「罷」；矣，如今之「了」。而已矣，如今說「罷了」。㊅居，住宅。㊆惡在，惡，音烏，何；在，存在。惡在，何在。㊇大人，偉大人物，即大丈夫。孟子說：「富貴不能淫，貧賤不能移，威武不能屈，此之謂大丈夫。」這正是周初的士德。文天祥衣帶銘：「孔曰成仁，孟曰取義。惟其義盡，是以仁至。讀聖賢書，所學何事？而今而後，庶幾無愧！」即尚志之謂。今之文士武士應有此抱負。

二

公孫丑㊀問曰：「夫子加㊁齊㊂之卿相，得行道㊃焉，雖由此霸王㊄不異㊅矣。如此，則動心否乎？」

孟子曰：「否！我四十不動心㊆……」

曰：「不動心有道㊇乎？」

曰：「有！……我善㊈養㊉吾浩然之氣⑪。」

（曰：）「敢問何謂浩然之氣？」

曰：「難言⑫也。——其為氣也，至大⑬至剛⑭。以『直』養而無害⑮，則塞於天地之間。——其為氣也，配義與道⑯；無是⑰，餒⑱也。——是集義⑲所生者⑳；非義襲㉑而取之也。行有不慊於心㉒，則餒矣㉓……必有事焉而勿忘㉔；勿助長㉕也。無若宋人然㊱：宋人有閔㊲其苗之不長而揠㊳之者，芒芒然歸㊴，謂其人曰：『今日病矣！予助苗長矣！』其子趨而往㊵視之，苗則槁㊶矣。——天下之不助苗長者寡矣。以爲無益而捨之者，不耘苗者也㊷；助之長者，揠苗者也㊸，非徒無益，而又害之㊹……」

（公孫丑）

要領　養氣。

註釋　㈠公孫丑，姓公孫，名丑，齊人，孟子弟子。齊國貴族，氏公孫，姓姜。此氏下姜尙一支，生於姜水，故姓姜，但仍氏公孫。㈡加，任。㈢齊，齊國。㈣道，內聖外王之道。㈤霸王，五霸的王。五霸指齊桓公、宋襄公、晉文公、秦穆公、楚莊王。霸王謂孟子高於五霸而爲之王。㈥不異，無異。㈦四十不動心，卽孔子「四十不惑」（見論語）。孔子四十歲後，完成「仁者不憂，知者不惑，勇者不懼」的內心修養，不憂、不惑、不懼，卽不動心。孟子四十歲後，完成「養氣」工夫，亦不動心。㈧道，修養方法。㈨善，很會。㈩養，修養。⑪浩然之氣，浩，音賀，大；然，尾音；氣，發自內心，見於外表的氣度、氣概、氣魄、氣節。卽文天祥「天地有正氣」的「正氣」。⑫難言，難講。⑬至大，極大。浩然之氣，塞天地，貫歷史，通人我，故謂之至大。⑭至剛，極剛。孟子謂

「富貴不能淫，貧賤不能移，威武不能屈」爲大丈夫卽大人，正是形容至剛。㈤以「直」養而無害，以，用；「直」，孔子「人之生也直」的「直」，「直道而行」的「直」，「理直氣壯」的「直」；養，修養；無害，不要妨害。這六字爲孟子「養氣」學說的眞正工夫。按，嬰兒初生到知識將開未開之間，所謂「赤子之心」，絕對不做任何違心屈伏的事，原本至直，至剛。孔子說：「性相近，習相遠」，卽謂人性初生近於仁，嬰兒必愛嬰兒；習之既久始遠於仁，小孩也會打架。孟子說「人性善」，善中自然會有直道在內。這已被近代科學的兒童心理學所證實。當兒童知識漸開，才接受社會環境的刺激和束縛，做他心中所不願做的事，所謂「天眞已鑿」。兒童愈大，所受刺激和束縛愈多，則他所做屈己從人的事也愈多。此後，如刺激和束縛係善的，則兒童亦進於善；如係惡的，則兒童亦進於惡。故孟子提出「以直養而無害」六字，謂依照人生本能的直性，加以修養，不要妨害原本的直性。修養方法，就是下文的「配義與道」卽「集義」；妨害就是下文的「義襲」卽「助長」。㈥配義與道，配，配合；義，仁義；道，內聖外王之道。配義與道就是「以直養」。㈦無是，無，沒有；是，指「配義與道」。㈧餒，氣餒之餒，如「

英雄氣短」的樣子，卽不剛，不大。⑲集義，集，集合；義，仁義，合理。集義謂不斷地做合乎仁義，合乎道理的事，這是用「外打入」的方法以達成「內引出」。孟子以爲義在心內，故孟子要求的是「內引出」。⑳生者，生，生長；者，指「浩然之氣」。謂「浩然之氣」由「集義」中生長出來。人愈幹好事，便愈永久幹好事。㉑義襲，義，合理的事；襲，偷襲的襲。義襲卽襲義，謂假裝着做合理的事。假裝着做合理的事的人，其心自知歉愧，便無至大至剛之感。㉒行有不慊於心，行，行爲；慊，音却，滿足。人如假仁假義裝着做合理的事，自己天良（心）上絕對自愧，這卽所謂行有不慊於心。故下文謂「則餒矣」，謂不至大，不至剛。㉓以上從「其爲氣也」到「則餒矣」一段，說明：一、什麼叫做「浩然之氣」？卽是「至大至剛」，「塞於天地」的人生本能的正直的氣度、氣概、氣魄、氣節。也就是「赤子之心」。二、怎樣善養「浩然之氣」？卽是「以直養而無害」這人生本能的正直的氣度、氣概、氣魄、氣節。所謂「直養」就是「配義與道」，也就是「集義」；所謂「無害」就是不「義襲而取」——假仁假義裝着做合理的事，以求慊於心。三、養氣的結果是什麼？卽「至大」，「至剛」，「不餒」，也就是

「不動心」。如此，這「至大」「至剛」的「浩然之氣」便充「塞於天地之間」，「與天地合其德，日月合其明，四時合其序，鬼神（古人）合其吉凶」（易），即「大人者，不失其赤子之心者也」（離婁），也即「復歸於嬰兒」（老子）。㉔必有事焉而勿忘，必，必須；有事，指「直養」——「集義」；勿忘，不要忘記「直養」——「集義」的事。宋以前孟子書有「石經」等本。「必有事焉而勿忘」一句，均誤刊為「必有事焉而勿正心勿忘」；至俞樾古書疑義舉例始謂「正心」二字為「忘」字之誤，全句應作「必有事焉而勿忘」，刪去「正心勿」三字，極確。㉕勿助長，指「義襲而取」。㉖無若宋人然，無，不要；若，像；宋人，宋國的某人；然，樣子。㉗閔，音敏，古憫字，憐惜。㉘揠，音挖，拔。㉙芒芒然歸，胡里胡塗地回了家。㉚趨而往，跑步走。㉛槁，音搞，枯槁。㉜此兩句謂「忘」。㉝此兩句謂「助長」。㉞民國十一年先師武子彪（炳章）先生云：「『養氣』學說，為孟子所創，也是孟學的特點。孔子有時還內剛外柔；孟子却內外皆剛」。囑我「看孟子巖巖氣象」并為講解原文要旨。十五年，寫「孟子養氣學說的研究」，全用師說。三十幾年以後，再為此章作註，深愧有負師訓！但，根據長期觀察，深信孟子此說，可作爲今後一切人士存心行事的準則，尤足作爲軍人修養的基準。假使程潛、李濟琛、陳明仁、鄭洞國……之流懂「配義與道」何致「靠攏」「投降」？假使過去軍人懂得「配義與道」，何致假仁假義、「㧖搜」、「擾民」？假使今後軍人全能「養氣」，定能効忠主義、 領袖、國家，戰必勝，俘必死，不「㧖搜」，不「擾民」。

三

孟子曰：「魚，我所欲㊀也；熊掌㊁亦我所欲也。二者不可得兼，舍㊂魚而取熊掌者也。——生，亦我所欲也；義，亦我所欲也。二者不可得兼，舍生而取義㊃者也。

「生，亦我所欲；所欲有甚於生㊄者，故不爲苟得㊅也。死，亦我所惡㊆；所惡有甚於死㊇者，故患㊈有所不辟㊉也。

「如使⑪人之所欲，莫甚於生（者），則凡可以得生者⑫，何不用⑬也？使人之所惡，莫甚於死者，則凡可以辟患者⑭，何不爲也？

「由是⑮則生而有不用也；由是則可以辟患而有不爲也。是故所欲有甚於生者，所惡有甚於死者，非獨賢者有是心⑯也，人皆有之；賢者能勿喪耳。

「一簞⑰食，一豆⑱羹，得之則生，弗得則死。嘑爾⑲而與⑳之，行道之人弗受，蹴爾㉑而與之，乞人㉒不屑㉓也。——萬鍾㉔，則不辨禮義而受之！萬鍾於我何加㉕焉？爲宮室之美，妻妾之奉，所識窮乏者得我㉖與？鄉㉗爲身死而不受，今爲宮室之美，爲之；鄉爲身死而不受，今爲妻妾之奉，爲之；鄉爲身死而不受，今爲所識窮乏者得我，而爲之：是亦不可以已乎㉘？此之謂失其本心㉙！」（告子）

要領　知恥。

註釋　㊀欲，願意。㊁熊掌，熊的手掌，味最美。㊂舍，古捨字。㊃取義，成仁。文天祥「孟曰取義」，出典於此。㊄所欲有甚於生者，指義。㊅苟得，苟且以得之。不爲苟得，謂須合理以得之。㊆惡，音物，羞惡，討厭。㊇所惡有甚於死者，指不義。㊈患，患難。㊉辟，古避字。⑪使，指教育、人事、俸祿、領導。此「使」字極重要，與下文「由是」的「是」字相呼應。如果教育、訓練、人事、俸祿、領導，都投合「人們可以得生」「可以避患」的不義之心，則出了大門，便幹「可以得生」「可以避患」的事。⑫凡可以得生者，指奔走、鑽營、貪汚、搶掠之類。⑬用，做也。⑭凡可以辟患者，指叛國投降，靠攏「一面倒」等事。⑮是字極重要，謂「舍生取義」的哲學修養，並接受良好教育、人事、俸祿、領導，將上文所說生與死，義與不義的決擇，弄得分明。⑯是心，指「羞惡之心」。⑰簞，音單，竹器。⑱豆，碗。⑲嘑爾，嘑，音賀，吆嚇的嚇；爾，尾音。⑳與，給。㉑蹴爾，蹴，音就，古踢字；爾，尾音。㉒乞人，行乞的人。㉓屑，音寫，看。㉔萬鐘，鐘，古斗名；萬鐘，萬斗。㉕萬鐘於我何加，謂在我看，萬鐘並不多於一簞一豆，禮與我則受之如一簞一豆；嘑爾蹴爾與我，則不屑受。㉖所識窮乏者得我，得，德字之誤。謂受此萬鐘，分給窮親貧友，使之感我之德。㉗鄉，古昔字，向字，昔日，向來。㉘已乎，算了罷。㉙此之謂失其本心，本心，「羞惡之心」。謂簞食豆羹嘑爾與之而不受，是未失本來的「羞惡之心」；萬鐘，蹴爾與之而受，是失去本來的「羞惡之心」。孟子這節遺教第一二段，是一篇人生哲學，對軍人說，這是一篇軍人人生哲學，主要為解決生死問題、孟子講仁義，以為仁義隨生命以俱來，故說：「惻隱之心，人皆有之；羞惡之心，人皆有之；」「非由外鑠我也；我固有之也，」（告子）「無惻隱之心，非人也；無羞惡之心，非人也，」（公孫丑）又說：「惻隱之心，仁也；羞惡之心，義也，」（告子）「惻隱之心，仁之端也；羞惡之心，義之端也。」（公孫丑）本節便用「羞惡之心」作生死的標準。當生死關頭，要用固有的「羞惡之心」，作切實衡量：如生而不羞不恥，卽不必死；如生而可羞可恥，卽不必生。換言之，生合於義，則生；死合於義則死，就是「舍生取義」。天下斷乎沒有「二者得兼」的事，軍人當搏敵尤其被俘之時，只有兩字，非生卽死。應該當下決定：生而對得起國家對得起人民對得起長官對得起同伍對得起父兄對得起子女對得起歷史，心中無所羞亦無所恥，則生可也；若覺得偷生苟活一切對不起，心中自羞自恥，則死可也！「舍生取義」可也！「羞惡之心」爲生死尺度，如灌頂醒醐，也如當頭一棒，人禽之界，判於傾刻，所以說孟子此兩段爲軍人人生哲學。其次要知第三、四段，也是教育典範、人事典範、俸祿典範、領導典範。辦教育者，是否辦了「使人之所欲，莫甚於生者；使人之所欲，莫甚於死者」的教育？主人事者，是否辦了「使人之所欲，莫甚於生者；使人之所惡，莫甚於死者」的人事？俸祿、領導，亦可推知。果如是，則受這教育和在這人事、俸祿、領導下的人「凡可以得生者，何不用也？凡可以避患者，何不爲也？」所以孟子此三、四段實可列入國策統馭兩章中。更次要知第五段是供應問題的要領。若使一軍官每月親負數十斤米，一斤油，一斤鹽，一斤猪肉，兩條臭魚，而與「與」者爭斤論兩，一之已甚，再之，不必望其「舍生取義」。

四

子思㈠居於衛㈡，有齊㈢寇㈣。或曰：「寇至！盍㈤去㈥諸㈦？」子思曰：「如伋去，君㈧誰與守㈨？」（離婁）

要領　負責。

註釋　㈠子思，孔子之孫，孟子之師，名伋。㈡衛，國名。㈢齊，國名。㈣寇，發兵滅國的敵人，如日寇、俄寇。㈤盍，音何，何不。㈥去，逃走。㈦諸，之乎兩字拼讀。㈧君，衛君。㈨「伋去，君誰與守」六字，二千載以後，令人讀起便想見子思的音容！子思，俗儒所謂文士呀。按：守必用兵，如子思不是文武双全的士，能指揮大軍嗎？守必用謀，如子思不是文武双全的士，能出謀劃策嗎？守或肉搏，如子思不是文武双全的士，能戰鬬嗎？守或背進，如子思不是文武双全的士，能行軍嗎？守或戰死或被俘，如子思不是「殺身成仁」「舍生取義」的士，敢說「伋去，君誰與守」嗎？由此可知、孔子、子思、孟子當年都是文武合一的士、所教者也是文武全材的士，不是宋朝以後胸無半策手不搏雞的所謂文士。我嘗慨嘆：自「四書集註」出，八百年來，孔孟所傳文武合一的士道，便完全絕種！寇至國亡，無勇無謀，一死了之的士，已屬上士；不事異姓，偷生草野的士，已屬中士；有乳卽娘，靦顏事仇的士，則滿坑滿谷了。求如文天祥、史可法、顧炎武……帥兵勤王，上馬殺賊，下馬作檄，終於成仁取義的士，必爲不讀「四書集註」的人！

第五章　統　馭

一

孟子曰：「以佚道㈠使㈡民㈢，雖勞不怨。以生道㈣殺民，雖死不怨殺者㈤。」（盡心）

要領　殺人之道：「以生道殺」之。

註釋　㈠佚道，佚，音夷，古逸字，安逸；道，道理，辦法。㈡使，使用。㈢民，人民含士兵。㈣生道，生活之道，生命之道，革命之道。㈤本黨被殺七十二士於黃花崗，此七十二士怨乎？不怨也！「求仁得仁又何怨？」爲革命而死又何怨？這是最高的統馭學！道見次節第二句。

二

孟子告齊宣王曰：「君㈠之視㈡臣㈢如手足；則臣視君如腹心。君之視臣如犬馬；則臣視君如國人㈣。君之視臣如土芥㈤；則臣視君如寇讎㈥。」（離婁）

要領　統馭之道：「視臣如手足」。

註釋　㊀君，統馭者。㊁視，對待，心的對待，物的對待。㊂臣，部下。㊃國人，路人，漠不相關的人。㊄土芥，土，糞土；芥，草。㊅寇讎，寇，強盜；讎，古仇字，仇人。

三

孟子曰：「無罪㊀而殺士㊁，則大夫㊂可以去；無罪而戮㊃民㊄，則士可以徙㊅。」（離婁）

要領　衆叛親離的道理。

註釋　㊀無罪，謂非其罪而君殺之。㊁士，尉官士官。㊂大夫，將官，校官。㊃戮，音祿，與劉（殺）是一字。㊄民，兵含人民。㊅徙，音洗，走潰。拙註「孔孟治兵語錄」，章與章節與節必須融會貫通以讀之，不可斷章取義。這三節有關統馭的遺敎，也必須融會貫通以讀，才能體認其中的道理。第一節講「以生道殺民」，第二節講「君之視臣如手足」，就是「生道」的一種具體表現。第二節講「君之視臣如土芥，則臣視君如寇讎」，第三節講「君無罪殺士，則大夫可以去；無罪而戮民，則士可以徙」，這也只是「臣視君如寇讎」的消極表示——譁潰；若積極表示，便是革命了。各級帶兵官如能「以佚道使」官兵，以「生道殺」官兵，「視臣如手足」而不「無罪」殺士兵，便可以得其「腹心」，無「怨」無叛了。

第六章 戰史

一

沈同㊀以其私㊁問曰：「燕㊂可伐與㊃？」

孟子曰：「可！——子噲㊄不得與人燕；子之㊄不得受燕於子噲。有仕於此，而子悅之，不告於王，而私與之吾子之祿爵㊅；夫士也，亦無王命而私受之於子，則可乎？——何以異於是？㊆」（公孫丑）

要領　反對篡亂。

註釋　㊀沈同，齊國的大夫，相當於將官，主持軍國大事者。㊁私，私人立場。㊂燕，北燕，在今河北、遼寧、北韓一帶。㊃與，古歟字，疑問之詞。㊄子噲，燕王；子之，燕相，迫子噲讓位。就周制說，此爲篡位，故孟子以爲不合法。㊅祿，餉；爵，階級。㊆周制「禮樂征伐自天子出」，卽諸侯內亂，天子征之，故孟子以爲可伐。

二

齊人㈠伐燕。或問曰：「勸齊伐燕，有諸㈡？」曰：「未也！——沈同問：『燕可伐與？』吾應之曰：『可！』彼然㈢，而伐之也。彼如曰：『孰㈣可以伐之？』則將應之曰：『爲天吏㈤則可以伐之。』今有殺人者，或問之曰：『人可殺與？』則將應之曰『可！』彼如曰：『孰可以殺之？』則將應之曰：『爲士師㈥則可以殺之。』今以燕伐燕㈦，何爲勸之哉？」（公孫丑）

要領　有道之君可以蕩平鄰國之亂；無道之君則不可。

註釋　㈠齊宣王所派之軍。時爲周赧王元年。㈡諸，「之乎」二字拼音讀。㈢然，以爲可以。㈣孰，古誰字。㈤天吏，天子的官吏。但孟子所謂天吏，指行仁政而無敵於天下之君而言，見本書「總動員」。㈥士師，軍法官。㈦言齊之無道與燕無異，如以燕伐燕。

三

齊人伐燕，勝之㈠。宣王問曰：「或謂寡人㈡勿取㈢，或謂寡人取之。以萬乘㈣之國伐萬乘之國，五旬㈤而舉之，人力不至於此。不取，必有天殃㈥。取之，何如？」孟子對曰：「取之而燕民悅㈦，則取之。——古之人有行之者，武王㈧是也。取之而燕民不悅，則勿取。——古之人有行之者，文王㈨是也。

「以萬乘之國，伐萬乘之國，簞食壺漿㈩，以迎王師，豈有他哉？避水火也。——如水益深，如火益熱，亦運⑪而已矣！」（梁惠王）

要領　作戰的先決條件：敵國人民的內應。

註釋　㈠史記：「燕王噲讓國於其相子之，而國大亂；齊因伐之。士卒不戰，城門不閉，遂大勝燕。」㈡寡人，無德之人，諸侯自謙之詞。㈢取，滅其國。㈣萬乘，兵車萬輛，大國之謂。㈤旬，十日。㈥殃，災。㈦悅，願。孟子一貫主張滅人之國，須取得其國人民的同意即內應，見本書「總動員」。㈧武王伐紂，紂兵內應，自願歸順。㈨文王，武王之父，三分天下有其二，不能伐紂，因商人不願。㈩簞，竹筐；壺，水壺。此言歡迎。⑪運，走。此言另行歡迎他國。

四

齊人伐燕，取之；諸侯㈠將謀救燕。宣王曰：「諸侯多謀伐寡人者，何以待㈡之？」

孟子對曰：「臣聞七十里為政於天下者，湯㈢是也。未聞以千里畏人者也。

「書㈣曰：『湯一征，自葛㈤始，天下信㈥之：東面而征，西夷㈦怨；南面而征，北狄㈧怨，曰：奚㈨為後我？』——民望之，若大旱之望雲霓也：歸市者不止，耕者不變㊉。誅其君而弔其民，若時雨降，民大悅。書曰：『徯⑪我后⑫，后來其蘇⑬！』

「今燕虐其民，王往而征之，民以為將拯⑭己於水火之中也，簞食壺漿，以迎王師。——若殺其父兄，係累⑮其子弟，毀其宗廟⑯，遷其重器⑰；如之何其可也！

「天下固⑱畏齊之彊也⑲，今又倍⑳地，而不行仁政，是動天下之兵也。——王速出令：反其旄倪㉑；止其重器；謀於燕眾㉒，置君㉓而後去之，則猶可及止也㉔！」（梁惠王）

要領　心理作戰的戰術。

註釋　㊀諸，古眾字；侯，古后字。諸侯，眾國之君。㊁待，對待，對付。㊂湯，商湯王。初興時，國土僅七十里；後滅夏桀王，統一天下。㊃書，尙書，今在十三經中。此下引文見其中「仲虺之誥」，但文字稍異。㊄葛，國名。㊅信，信賴湯王弔民伐罪。㊆見「心理作戰」三節註六。㊇見「心理作戰」三節註五。㊈奚，古何字。㊉兩句描寫軍不擾民的情況。⑪徯，古傒字，等傒。⑫后，古君字，即唐朝「天可汗」及元朝成吉思汗之「汗」。⑬蘇，復活。⑭拯，救。⑮係累，係，古繫字，累，尾音。係累，掠擄。⑯宗廟，祖宗祠堂。廟，古兆字，兩字均音昭。⑰重器，國有的銅器，如九鼎之類。⑱固、故是一字，舊日。⑲彊、強是一字。⑳倍，加倍。齊滅燕後，括地加倍。㉑旄，音毛，古髦字，老人；倪，音尼，古兒字，小孩。此指齊所掠擄的燕民。㉒召開群衆大會。㉓置，立；君，新君。周朝制度，天子廢立某國諸侯之後，由天子代表召集其國內官民，開會，詢應新立某人爲君。這是極民主的方式。㉔猶，還；及，趕得上；止，停止諸侯出兵。

五

燕人畔㊀。王曰：「吾甚慚㊁於孟子！」

陳賈㊂曰：「王無患㊃焉！王自以爲與周公㊄孰㊅仁且智？」

王曰：「惡㊆！是何言也？」

曰：「周公使管叔監殷；管叔以殷畔㊇。知而使之，是不仁也；不知而使之，是不智也。仁智，周公未之盡也，而况於王乎？賈請見㊈而解之！」

見孟子，問曰：「周公何人也？」

曰：「古聖人也！」

曰：「使管叔監殷；管叔以殷畔，有諸？」

曰：「然。」

曰：「周公知其將畔而使之與？」

曰：「不知也。」

曰：「然則聖人且有過與？」

曰：「周公弟也，管叔兄也，周公之過，不亦宜乎？且古之君子，過則改之；今之君子，過則順㈩之。古之君子，其過也，如日月之食，民皆見之；及其更也，民皆仰之。今之君子，豈徒順之，又從爲之辭㈡！」（公孫丑）

要領　指斥齊國君臣掩飾政略戰略的錯誤。

註釋　㈠畔，古叛字。齊軍入燕，子噲死，殺子之，滅燕。二年後，燕人立太子平爲王而反齊。㈡慙，古慚字。孟子計劃正確；宣王不用，故自慚愧。㈢陳賈，齊國的校官。㈣患，憂。㈤周公，名旦，文王子，武王兄，周初大政治家大軍事家。㈥孰，古誰字。㈦惡，音唔，申斥人的聲音。㈧周滅商紂，封紂子武庚（名祿父）於邶，承商祀；派管叔鮮監視他。管叔反周公，聯武庚而叛。㈨請見，要求見孟子。㈩順，古遂字，文過飾非，㈡辭，製造理由。

中國兵學大系之二十二

孔孟治兵語錄

趙尺子選註

每冊定價四元

中華民國六十八年八月初版

印刷者：軍用圖書公司印刷廠
台北市貴德街十四號

世界兵學社發行

內政部核准登記證內警台業字第三一三號
社址：台北縣中和鄉竹林路三巷廿衖四號
郵局劃撥儲金帳戶五八九二號
各大書店均售

孔孟治兵語錄

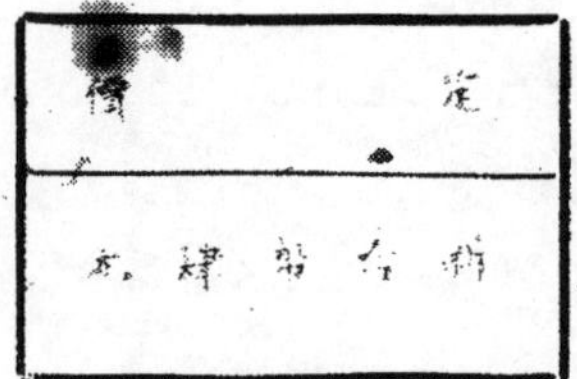